続・一九三〇年代「教労運動」とその歌人たち

―治安維持法犠牲者とその遺族―

碓田のぼる

はじめに

二〇二〇年二月に、『一九三〇年代「教労運動」とその歌人たち』を本の泉社から出版しました。「長野県『二・四事件』のひびき」を傍題としたものです。本書はその続編ということになります。

前著を書いたとき、私はいろいろな資料を読みながら、同じ一九三〇年代に、短歌や詩、文学を愛した二〇歳代の青年教師たちが、それこそ、命がけで活動した多くの事実を知ることができました。このことは、どうしても書いておかなければならないと、考え続けてきました。

前著の「はじめに」にも書いたことですが、一九五〇年代末から一九九〇年代の始まりの時期に、激動する日本の教育労働運動の渦中の中で働いてきた者にとって、一九三〇年代の、文学を愛し、教育・子どもを愛してたたかった、若き教師像は、深く心に刻まれたものでした。その姿を書きとどめることは、後進の一人としての責任とも感じてきたところでした。

前著もそうですが、もっと早い時期に書くことができなかったことは、私にとって痛恨事でした。書きおくれた慚愧の思いも重ねながら書いたものが第一部でした。

第二部は、戦前の治安維持法が、どんなに残酷で非人間的なものであったかを、長野県「二・四事件」における治安維持法犠牲者の一人を中心に、生涯にわたった苦悩の底を明らかにしたいと思ったもので、同伴者の姿も併せて描きました。遺族の方たちの証言も資料として加えさせていただきました。

治安維持法の問題は、遠い歴史の物語ではなく、新しい明白に向かう人びとにとって切実な、今日的な問題と考えています。正しい歴史の認識がなければ、確かな未来への展望などあり得ないと思うゆえです。

本書を読んでいただいた方がたが、現在の激動する政治と社会を見る目を、いっそう鋭くしていただくことができれば、著者として望外のしあわせとする所です。

続・一九三〇年代「教労運動」とその歌人たち　―治安維持法犠牲者とその遺族―

〈目次〉

第一部　時代を先駆した青年教師たち

上田庄三郎――ひときわ鋭く時代に輝いた彗星

(1) 反骨の育年教師へ

上田庄三郎――「上庄《うえしょう》」と誰もが愛称とし、敬称としてそう言います。本稿でも敬愛を込めたこの上庄の表記を用いることにします。

上庄は、一八九四(明治二七)年一一月一〇日、高知県の足摺岬に近い幡多郡三崎村に生まれました。

ここに上田の庄三郎は

ヤネ(台地)の黄雀《こうじゃく》(字名)忠太の倅

木の川お鶴の連れ子でござる
お鶴十六おぼこい娘
音にきこえた木の川小町

上庄が師範学校を出て、母校三崎小学校の教師として赴任した年の夏の宵、ふるさとの盆踊りに、「上庄一代記」と題して「自作自演した口誦《くどき》の中の一節である」と、西村政英『魂をゆさぶる教育―青年教師・上田庄三郎―』の中で紹介されているものです。上庄の面目は、若くして躍如たるものがあったと言うべきです。この年（一九一四〈大正三〉年）上庄は二〇歳の青年教師でした。二〇歳の若さで、自分をさらけ出している七五調のこの「上庄一代記」には、一種の哀感がこもります。それは、母なるふるさとの地の、里の人々の中に溶け込みたい、とする切なる願いと、天衣無縫とが一つになった上庄の懸命な演技であったからだ、と思います。

上庄の真実に迫る西村政英の著書

上庄は、母校での三年間の勤務ののち、隣村の下川口小学校に転校します。一九一九（大正八）年七月、上庄が中心となって、幡多郡内の青年教師たちに働きかけ、教師の生活権、教育権の確立などを求めて、教員組合の草わけとも言うべき闡明会《せんめい》を組織し、同名の機関紙などを発行します。

上庄の教育革新への情熱と反骨の気概は、次第に影響を拡げていきます。翌年上庄は、同郡内の下加江小学校に転勤しますが、五月におこなわれた幡多郡渭南《いなん》地区教育会長に選出されました。上庄は二六歳でした。

一九二二年、上庄二七歳の時、数年前に火災で校舎が焼失したままの益野小学校の校長兼訓導、そして手当の無い奥益野実業補習学校長となります。校舎のない学校の校長ですから、これは栄転というようなものでなく、上庄をもっとも困難な学校へ移すことにより、上庄の教育活動や行政への要求活動などを抑える意図があったことは明らかです。

「これから四年間、童謡などを作詩作曲して児童とともに楽しみながら、作文教育に力を入れる。〝お宮の森〟〝児童共和国〟をとなえ、子どもたちを励ます。学校建設のためのデモンストレーションを子どもと共に行なう」（西村政英前掲書「上庄の教育運動歴年表」）。

三度も大火に会った小学校の校舎も一九二四（大正一三）年三月に「ひなにもまれな学校」として完成しました。落成式当日の上庄の式辞の次の一節は子どもたちにも村人たちにも深い感動をあたえました。

「学校が兵営でない限り、学校がろう獄でもない限り、子どもたちに最大の自由が認められ、最大の創造心を培う殿堂であらねばならない。

およそ子どもたちの自由と創造の天地と殿堂を壊し、これに圧迫を加えようとするものは、もはや、教育というものでなく、また教育を語る資格はない。自由と創造のない処、学校というものは不必要である。」

これは、今に届く、上庄の叱声であります。

上庄は、「当局による自由な教育への強い圧迫・干渉を受け、『教育自由ナル研究ノタメ』（『著作集』第六巻「略年譜」）として、小学校を退職し、上京することになりました。

「幼い教え子たち、実業補習学校に学んだ青年、上庄を慕う村人は、さくらの散る四月、ふるさとの野づらに立って泣き叫び上庄の上京を見送った」(西村政英・前掲「暦年表」)

(2) 抵抗する教育実践

上庄が、二七歳の時、三回も火事にあって校舎のない、幡多郡の益野尋常小学校の校長になったことについては、前に述べました。何人かの前任校長も校舎の再建の運動をしましたが、村民の対立をあおる結果になったりして校舎再建は一向に進んでいませんでした。

上庄校長は「校舎のないのが進んだ学校」などと言って子どもたちを励まし、近在の森や野原などの自然を利用して、教育活動を進めました。焼跡の草を刈り、石を運んで大運動場としました。上庄は、この頃の益野小学校を「益野自由学校」と名づけています。結局、住民の間からも校舎再建の要求が強く出されるようになり、一九二四年四月に遂に落成式がおこなわれることになるわけです。再建成った新校舎で、上庄が胸に描いたのは、子どもたちの自治と自律を土台とした学校――「子供ノ国」「児童共和国」にしようとの強い願いでした。それは、体制順応の教育をおしつける文部省教育とは、全く道を異にするものでした。『上田庄三郎著作集』第一巻「大地に立つ教育」の中に、校舎完成後に、そうした意気込みを詳細に書いた「大正一三年度（一九二四年）益野小学校経営案」が収録されています。それは、小学校全教科にわたって、教科指導の基本的視点や、授業の具体的展開の方法を述べたものです。『著作集』でも四〇項目近くのものです。それを読みながら感動したところがあります。それは、「各科学習輔導方針」の先頭にかかげられた「修身科」の項の記述です。

「道徳的生活トイフモノヲ、ナンダカ片苦シク窮屈ナルモノニ思ワシメテ居ルナラ、ソレハ在来ノ修身教育ノ弊害デアル。

修身科ノ任務ハ児童自身ノ生活ヲ深イモノニシテ、生新ナ人間的生活ヲ自営セシメルタメデアル。

修身科ガ児童カラキラワレルモノハ児童自身ノ生活ニ即シナイ空理ノ強制デアッタカラデアル。児童ノ真ノ内生活ニ触レナイ教授ハ排斥スル（以下略）」

「四年以上ハ修身ノ毎週一時間ハ現代ノ社会ノ諸問題ノ批判ヲスル」

これは驚くべきことです。大正デモクラシーの残影があったにせよ、明らかに修身科への根本的批判だけではなく、「修身科」否定論も内在させている、と言うべきものです。

教科としての修身科の成立は、一八七九（明治一二）年九月の「教育令」の布告に始まるといわれています。この時点での修身科は必修教科の最下位にあったものが、翌年一二月の「改正教育令」で、一転して教科の最上位にすえられました。この位置は、敗戦までの六五年間にわたって不動のものでした。修身科こそ、のちに十五年戦争へと国民を動員し、狂信的な超国家主義、ファシズム思想形成のための、学校教育の中枢的な教科としての役割をになったものでした。

上庄が「益野小学校経営案」の「各科学習輔導方針」で「修身科」について驚くべき「方針」を示した一九二四（大正一三）年から一〇年後の一九三三（昭和八）年二月四日に、長野県に「二・四事件」と言われる日本教育労働者組合（「教労」）や雑誌『新興教育』（「新教」）に対する大弾圧事件が起こりました。「長野県教員赤化事件」として文部省もマスコミも宣伝しその「脅威」を煽《あお》り立てました。

「二・四事件」で文部省が最も驚愕《きょうがく》したのは、最大級に重視していた「修身科」に対し、階級的立場に立ち、真っ向から立ち向かったとも言うべき、教労長野の下伊那地区組合員の集団的検討による「修身科・無産者児童教程」の草案の発見でした。それは文部省のマル秘資料『プロレタリア教育』の教材の中で、文部省修身教科書の使用上の注意について「修身科・無産児童教程」が「微に入り細を穿ったもので……此の如き大部な詳細な教案は他の科目に於いては見ることが出来ない」と記していることでもその受けた衝撃のほどがわかります。

私が上庄の「各科学習指導方針」「修身科」を読んだ時の感動と連想はすでに述べたような「二・四事件」の「修身科・無産者児童教程」につながるものでした。この二つを結び付ける研究も資料も、何もありませんが、歴史の発展という軸線上に、二つの事項の刻印を想像する時、それは阿吽《あうん》の呼吸でつながっている、という想像への誘《いざ》ないを捨て切れません。

(3) 上庄の啄木

貧乏の家に生まれて店奉公、夜な夜な泣いた十六の頃
瀬をのぼる鮎見るごとし、おほかたの友つぎつぎと東京へゆく
指をもて砂にかなしき君が名を百度書けどなぐさまぬかな

上庄の著作集（第六巻『調べた綴り方とその実践』）の中で「若き日の駄作」として書き出している二〇首余りの作品の中のものです。生活感に根差して素朴に歌われている点に、石川

啄木の影を引いているような感じがあります。

上庄の「文学教師論」の中に「私の文学教師時代」があり、そこでは、石川啄木にどんなに心酔したかが生きいきと描かれています。若き日の「木川むしろ」というペンネームも啄木にかかわります。高知の片田舎の「木の川」という部落の小学校高等科を卒業した上庄は、山の中で木挽《こびき》をしていたことがあったことから、

大木の幹に耳あて
小半日
堅き皮をばむしりてありき

という啄木の歌が病的にまで好きで、ペンネームは、「木の皮」にもじったものと言います。それほどまでに啄木と結びついたものは、「人間の皮をむしってはだかにしたような、じかに人間の香りのする啄木の歌であった」からだと書いています。

高知師範時代には、ますます啄木に熱中し、教師になってからも学校のゆきかえりに『啄木歌集』を読み、雨の日には啄木の歌を書き入れた傘をクルクル廻しながら『啄木歌集』を読んで歩いたと語っています。

上庄の啄木への傾倒は、文学青年時代に頭を熱くしたロマンチックな一過性の心情ではありませんでした。上庄は教育実践においても、教育ジャーナリストとなってからも、啄木から離れることがありませんでした。

「啄木の歌を愛唱していれば誰でも啄木のような生活精神を持つようになり、反抗的、革命的な青年性の昂揚へと傾くのではないかと思われる。

わたしは、短歌の真似はしたけれども、その方は全然ものにならなかったが、青年教師としての生活実践に於ては、短歌よりもまだしも啄木精神に近かったような気がする。

ただ啄木の文学精神には肉迫したけれども、その当時はまだ啄木の教育精神を把握することができなかった。小著『青年教師啄木』はこの意味で自分の青年教師時代を記念する書である」

年譜によれば、上庄の啄木論は、戦後にわたって三回も書き改められ、その内容を充実・発展させていきました。

『青年教師啄木』（一九三六年）

『情熱の青年教師石川啄木』（一九四八年）

『青年教師石川啄木』（一九五五年）

上庄の啄木についてのこの執着は、石川啄木から何をこそつかみ出し、何をこそ教育実践の場で、また広く教育戦線の場で生かそうとしたか、阿修羅のような上庄のその志が見えるような気がします。

上庄の啄木についての戦前の処女作『青年教師啄木』について附記したいことがあります。それは、啄木研究家で、戦後石川啄木記念館の館長代理もした畏友上田哲の、この書についての高い評価です。上田哲は、この書の時代背景が、二・二六事件が起こり、メーデが禁止され、日独防共協定が結ばれた年であることに注目し、次のように書いています。

「日本のファッショ化が極点に達し、『友も妻もかなしと思ふらし／病みても猶／××（革命）のこと口に絶たねば』と、この程度の語でも伏字にされる状況下、ギリギリの限界まで啄木の青年性、革新性を明らかにする。といっても啄木の文学的研究書ではない。啄木を通して綴る青年論であり、青年教師の覚醒を訴える教師論でもある」（『啄木文学の受容と継承の軌跡』より）

これは若き日の上庄の真骨頂をとらえた、忘れがたい一文です。

（4）上京後の上庄と戦後

上京して二年後、一九二九（昭和四）年上庄は、高知師範三年後輩の小砂丘《ささおか》忠義や、野村芳兵衛、峰地光重らと『綴方生活』を創刊し、歴史的な生活綴方運動に身を乗り出していきました。

十五年戦争前夜の暗く、重苦しい反動的な時代でした。そうした中での『綴方生活』とそこに結集した教師たちの実践は、はるか東北宮城の寒村にいた若き救師岩間正男にとって、この生活綴方運動の烽火《のろし》は、「暗黒の谷間にとどいた光明であった」という感動については、本書の岩間正男の章でもふれているところです。

上庄は、小砂丘忠義とは、高知の教師時代から親しい仲でしたが、雑誌『綴方生活』では、その担い手であった小砂丘忠義を助けて活動しました。生活綴方運動は、大正期の自由教育運動を源流としながら、昭和初期には世界恐慌の深刻な影響を受け、矛盾が鋭くあらわれた、農村地帯の若い教師たちの中に拡がっていったのでした。東北地方では、その地域的な生活台に根ざした北方性教育運動として、大きな力を発揮していきました。

上庄は、高知での教師時代から綴り方教育、作文教育に大きな関心を持ち「綴り方は生き方である」とし、「作文を書くことは、生きていることの証しであり、生きぬく脈はく」であるという考えを一貫して持っていました。

小砂丘忠義は一九三七年一〇月一一日に、四一歳の若さで亡くなると、上庄はこの友に殉ずるように生活綴方運動から遠ざかり、教育評論活動に、その筆力を発揮してゆきます。その多彩な執筆活動は、戦後の教育ジャーナリストとしての活動につながるものでした。西村政英著『魂をゆさぶる教育―青年教師・上田庄三郎―』の中にある上庄の戦前の著作をあげると、次のようです。

一九三〇（昭和五）年　『教育戦線』
一九三三年　『調べた綴方とその実践』
一九三四年　『激動期の教育構図』
一九三六年　『青年教師の書』『青年教師石川啄木』
一九三八年　『教育国防論』『教育評論』『大地に立つ教育』『新しき教育への出発』
一九三九年　『教育の新世紀』『松陰精神と教育の改革』
一九四一年　『国民学校教師論』『女教師論』『頼山陽』『青年教師論』

一九四二年　『人間吉田松陰』

一九四二年の前掲書以降、敗戦を迎えるまでは上庄は筆を折ったように、何も書いていません。書くことで家族も養わねばならなかった、上庄にとって、この時期は、最も苦労が多かっただろうと想像されます。

戦後上庄は、日本教育新聞社に拠《よ》って、強烈な個性と批判精神で、教育評論家、教育ジャーナリストとして、民主教育のために筆をふるいました。

『上田庄三郎著作集』（全六巻）
（1977 年 2 月〜 1979 年 1 月・国土社）

『上田庄三郎著作集』第六巻のどの頁からも、上庄の活気に満ちた声が聞こえてくるような気がします。土佐には「イゴッソウ」という言葉があります。正確な説明語はしりませんが、しかし、たとえば大原富枝の小説『婉という女』に描かれた主人公や、維新の坂本龍馬、そしてわが上庄と、その人物像を具体的に思い描けば、この「イゴッソウ」もリアリティを持って理解できる気がします。

天衣無縫の上庄が、ドテラの裏にパチンコの玉入れ用袋を縫付け、下駄ばきでふんばる足の裏まで豆をつくったというパチンコ狂の父親の思い出を、長男の上田耕一郎がどこかで書いていたのを覚えています。

酒を愛し、パチンコを愛し、島倉千代子の大ファンであった上庄は、限りなく人間的でした。

上田庄三郎は、一九五八年一〇月一九日、六三歳の生涯を閉じるとき、「彼を育んだふるさとの山河を呼び、教え子たちの名を指折り、里人の将来を案じつづけた」（西村政英・前掲書）と言います。

上田庄三郎は真正の教師でした。

小砂丘忠義——不屈の生活精神、綴方教育の鬼

(1)

日本の綴方運動の歴史に不朽の名をとどめた小砂丘忠義《ささおかただよし》(本名、笹岡忠義)は、一八九七(明治三〇)年四月二五日、高知県では嶺北といわれる地方、長岡郡大杉村に生まれました。上庄より三歳年少です。

高知師範に入学した頃、寄宿舎生活の運営のために組織され小砂丘も所属した第一九小団の団長が上庄でした。ですから師範の一年間は、小砂丘は上庄のごく身近で生活したことになります。後年二人が盟友として、雑誌『綴方生活』の発行のために力を尽くしていくことになる、これは出発点であったかもしれません。

一九三〇年代初頭は、世界恐慌に端を発して、日本も深刻な恐慌と不況の中に落とし込まれていました。その矛盾と危機がもっとも鋭くあらわれていたのが農村地帯でした。若い良心的な教師たちは、こうした事態の中で、どうこどもたちを教えるのか、どう生きる力をつけてやることができるか――それは、切実な要求であり悩みでした。

先行した大正デモクラシーの中で、子どもを対象とした、鈴木三重吉の「赤い鳥」の綴方運動がありました。しかしそれは、「文芸的人間観に貫ぬかれ、綴方作品を児童の文芸作品として評価したもの」であり、そこには「思考の発展として」綴方がみちびかれず、「現実的に描かれた生活の中から問題を発見し意識し生き方を考えさせていくこと」がありませんでした。（滑川道夫「綴方教育史における小砂丘忠義の業績」『生活綴方の伝統――小砂丘忠義一五周忌記念論稿集』所収）それは、「赤い鳥」綴方の否定であったと言えます。

『綴方生活』は新興の精神に基き常に清新溌剌たる理性と情熱とを以て斯界の革新建設を企図する。その目ざす所は教育生活の新建設にあるが、その手段として常に綴方教育の事実に即せん事を期する。『綴方生活』は教育における「生活」の重要性を主張する。生活重視は実に吾等のスローガンである」

一九二九（昭和四）年一〇月に創刊され、一九三七年まで九巻九号と続けられた、『綴方生活』の創刊号の主張「吾等の使命」の一節です。これは教育現場で苦悩する教師たちに、子どもを教育する上で、綴方教育を力として進む上での、あたらしい篝火《かがりび》となったものでした。

（2）

小砂丘忠義は、一九一七（大正六）年三月、二一歳で高知師範を卒業すると同時に、郷里の杉尋常高等小学校の高等科二、三年制の担任となりました。小砂丘は師範では上庄から短歌や文学の影響を多分に受けました。小砂丘は、児童文集づくりや、同人による教育評論誌を発行するのに、異様な熱意をもやしました。最初の同人誌『極北』では、県の教育行政や郡視学の現場指導などを徹底的に批判しました。

小砂丘は教育熱心で、信ずるところは誰はばからず主張したのでした。他校への転任に際し、同人誌『地軸』を廃刊にせよとか、同人を解散して絶交せよ、とか、頭髪を伸ばすなとか、中折帽子をかぶれとか、何とも馬鹿げた条件を当局はつけたりしましたが、小砂丘は平然として無視しました。当局は、小砂丘を危険人物視しました。二六歳で校長になったのも、そうするよりほかに、当局としては、小砂丘の口を封ずることができないと考えた苦肉の策に違いありません。

一週間のうち半分は徹夜で、児童文集をつくったり、同人雑誌の原稿を書いたりしていたのでした。同人誌『極北』時代の、懸命な夜を徹しての仕事ぶりの歌に、次のようなものがあります。

うたたねの夜気しみじみと身に迫ればおき出でてまた文かく夜更け
頑健なる身体が欲しいと思いけり今宵も更けていまだ眠らず
はたらけど金になるとも思ほへぬ夜ふけ我がする我ためのこと
破れはてて極北は戻りぬ我のためのさみしさ深くこめてもどれり

最後の歌は、購読者に送った苦労してつくった雑誌『極北』が、読みもせず捨てられたのではないかと不安に思っているところに、「破れはてて」戻ってきたのです。その破れはてた同人誌一冊を手にしながら、自分の心の嘆きをそこに見るようだ、と歌っているのです。

こんな時、小砂丘はきっと酒を飲んだだろうと思ったりします。

小砂丘は上庄以上に酒好きでした。教師になりたての頃、酒好きの小砂丘は、酒を絶とうと誓ったことがあります。もちろん、それは実行できませんでした。次に節酒ということを考えました。しかしこれは、禁酒するよりも意思の強さが必要だと悟って、今度は飲んでも酔わないように誓います。しかし、そんな酒があるわけがありません。結局、大悟徹底して、いくらでも飲もう、酔って醜態を演じても気にしない、悪かったらゴメンナサイと言おうと誓って、これは死ぬまで貫いたというエピソードがあります。いかにも人間的な、小砂丘忠義の面目躍如たるものがあります。

小砂丘は、上庄のあとを追うように、八年八ヵ月の故郷での教師生活をやめ上京します。八年八ヵ月の間に、一〇校を転々とさせられました。これは、平均一校一年ももたなかったことになります。小砂丘の強烈な個性と実行力、教育へのひたむきな直言に、どうしようもなく辟易《へきえき》した校長たちの姿が思い浮かんできます。小砂丘はもっと広い世界で教育をしたいと考え、上京を決意したのだと思います。

上庄上京の八ヵ月後、一九二五（大正一四）年一一月、小砂丘は上京し、持っている力量を最大限に発揮して、活動の本舞台である『綴方生活』への道をつき進んだのでした。

（3）

雑誌『綴方生活』が、一九二九（昭和四）年一〇月、小砂丘の創立した同人制の郷土社から創刊されたことについては、すでにふれて来ました。恐慌による深刻な不況の中で、事務所を閉鎖し、自宅に移したり、『綴方生活』を財政的事情から一時一年ほどの休刊に追い込まれましたが、一九三二（昭和七）年一一月『綴方生活』は復刊しました。発行の責任は小砂丘一人の肩にのしかかってきました。この頃、友人宛に「本職はやはり綴方生活だ。この方をうんとふやさぬことには食ってゆけぬので、さんざん骨を折っている。ますますいよいよ不況が身にしみるようになってきている」と書き送っていると言います（津野松生『小砂丘忠義と生活綴方』による）。

「横はばの広い、がっしりとした体格、大きな黒い顔、ちぢれた総髪、のばしたヤギひげ、黒ぶちの太いめがね――」

「山のように集ってくる作品、その選、批評、編集、印刷―製本、発送の荷づくりから、できたてのを手ぐるまに積んで郵便局に持っていくまで、それこそまったく超人的精力で行われていた――。」（片岡並男「小砂丘さんたちのことども」）

こうして、生活を賭けて発行され続けた『綴方生活』は、全国の良心的、進歩的な青年教師たちの結集の灯《ともしび》となって、その心をゆさぶり続けたのでした。小砂丘は、青年教師に愛され、したわれながら、それと同時に、教育に志を抱く、多くのすぐれた綴方教師を励まし育てたのでした。

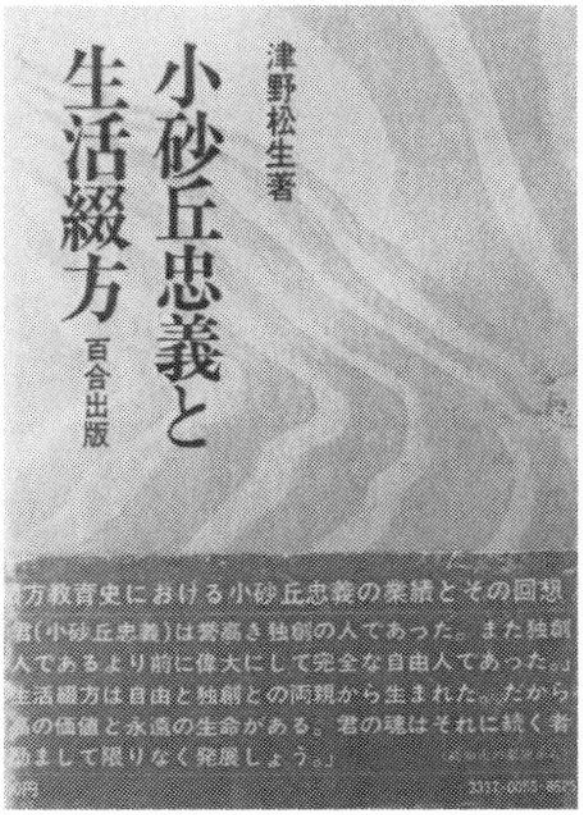

津野松生『小砂丘忠義と生活綴方』

小砂丘忠義は、一九三五（昭和一〇）年頃から、長年の無理がたたって、腎臓や肝臓がおかされてしまいますが、そんな状態の中でも、わが子のように大切にした雑誌『綴方生活』発行のため全身の力を注ぎました。薬代や米代にも事欠くような生活の困窮の中にあって、小砂丘は、いつでも明るい笑顔でした。

小砂丘忠義は、一九三七（昭和一二）年一〇月一〇日、四一歳の短い生涯を終わりました。

「小砂丘は死んだ。落合の火葬場で永久に逢はれぬ鉄の扉を閉められた時、止めどもなく涙が出た。同じように志を立てて相前後して上京し、胸に限りない壮図を描きながら病に勝てず彼は永眠した。」（上田庄三郎『綴方生活』追悼号）

（4）

窓開けば窓だけの秋深みけり

この一句は、小砂丘が死の数日前、女学校一年生の一人娘の夢に口述筆記させたものと言います。病床で身動きのできなくなった小砂丘の、無念とも諦念とも言えぬ思いが、滲み出ている句です。

病んで臥していれば、世のすべての秋は、たとえわからずとも、「窓だけの秋」があれば、小砂丘は十分でした。「病床六尺、これ我世界である。しかも此六尺の病床が余には広過ぎるのである」と言った正岡子規の心にも通ずるような気がします。世の毀誉褒貶《きよほうへん》にかかわらず、一人中心に居て守り続けてきた「窓だけの秋」のような『綴方生活』であったと思います。小砂丘はそのようにして生涯を振り返りながら、迫りくる死に向かい合っていたのだと思います。

戦後、『綴方生活』の運動を承け継いだのは、「日本作文の会」でした。敗戦も知らずに死んだ小砂丘の没後一五周忌を記念して、「日本作文の会」の編集による追悼記念論稿集『綴方教育の伝統』が刊行されました。生前の小砂丘は一冊の著書もかかず、没後に遺稿集として出された『私の綴方生活』（一九三八年一〇月一八日）があるのみです。前記『綴方教育の伝統』には、小砂丘のたった一冊の遺稿もおさめています。

『生活綴方の伝統――小砂丘忠義一五周忌記念論稿集』

関係者の追悼文の中に、盟友上田庄三郎が「人間の南方性に徹した小砂丘忠義」と題する一文を寄せています。

上庄の文章は、

いうたちいかんちゃ
おらんくの池にゃ
汐ふく鯨が　およいじょる

この有名なヨサコイ節の文句は、そのまま小砂丘を表現しているように思われると書き出し、四頁ほどの文章は、次の一文で終わっていました。

「死んだちいかんちゃ
おらんくの小砂は
墓場の酒場で　梯子酒

一五周忌にこんなヨサコイ節でも放送してやりたいものだ。そしたら地下の小砂丘は、こんな返歌でもよこすだろうか。

生きちょったらいかんちゃ
おらんくの上庄は

しゃ場の酒場で
くだばより」

山口近治《ちかじ》――輝ける「教労」の若き初代委員長

(1)

今から九〇年以上も昔――一九三〇(昭和五)年一一月のある日曜日、二カ月前に創立された新興教育研究所(略称「新教」)の初代所長である教育学者の山下徳治の中野の家に、二〇名余りの青年教師たちが極秘裡に集まって、わが国ではじめての、階級的立場に立った教育者の労働組合、「日本教育労働者組合」(略称「教労」)が結成されました。この「教労」の中央執行委員長に選ばれたのが、二五歳の青年山口近治でした。

山口近治は、一九〇五(明治三八)年七月二五日に東京府南多摩郡八王子町に生まれました。

生家は、酒・味噌・醤油・塩などの生活食料品や薪炭類などを手広く商う、わりと豊かな商家でした。五年制の実業学校である織染学校に進学しますが、人生問題に関心を持ち、文学を愛し、島崎藤村の詩や啄木の短歌を愛唱するようになります。その後豊島師範卒業後、三多摩の一農村教師となった頃は、すでに強い階級的な自覚を持つようになっていました。小説『石狩川』の作者本庄陸男《むつお》たちがつくっていた教育文芸協会に入りましたが、この教育文芸協会が教文協となり、やがて小学校教員連盟へと発展していく過程で、一九三〇年三月、小学校教員連盟への弾圧があり、活動の中心にいた増渕穣、町田知雄らと共に、懲戒免職の行政処分となりました。「教労」結成の七カ月前でした。

山口近治と懲戒免職となった増渕穣、町田知雄の三人は、懲戒免職を不当とし、東京府知事相手にその行政処分の取消しを要求する訴訟を起こしたり、八王子で「教員解職真相発表演説会」など開き、教員の団結を広く大衆に訴えていく活動を展開しました。

「労働三法」などは影も形も見られず、団結権、団体交渉権、争議権等が公認されていなかった時代。労働組合に関係したというだけで、教員は注意人物・赤化教員のレッテルをはられ、不意転（強制転任・引用者）や退転を強要されるような社会情勢」（山口近治『治安維持法下の教育労働運動』一九七七年・新樹山版）でした。こういう中での組合の活動は、合法的な

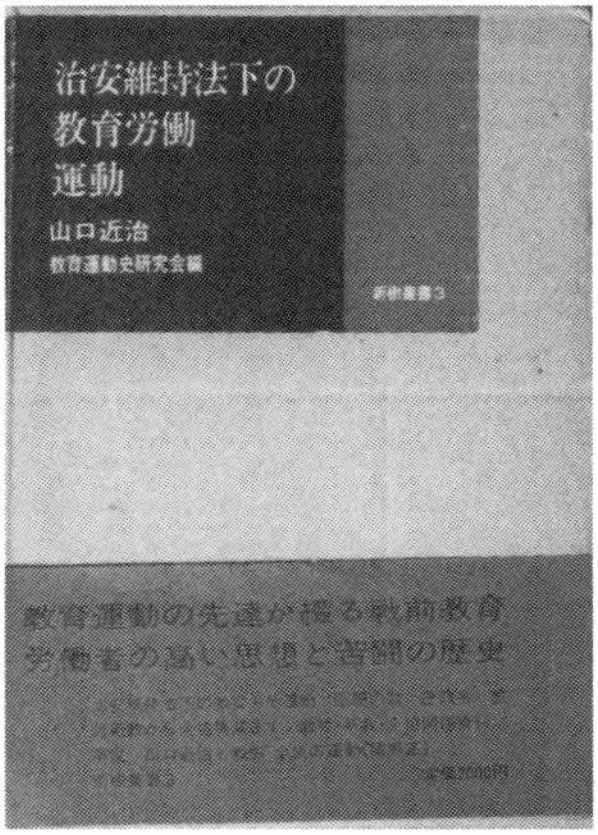

『治安維持法下の教育労働運動』

活動は不可能であることが共通の自覚となっていきました。

やがて「教労」に発展する「全日本教員組合準備会」は、一九三〇年五月二五日、教育学者、ジャーナリスト、教育界や政界人など多彩な顔ぶれを加えて結成されました。

「新教設立の計画が具体化するに至って、全日本教員組合準備会を解消し、非合法組合にすることに私も踏み切ることにした。話はにわかにまとまり、新教設立と前後して、新たに日本教育労働者組合（教労）準備会を結成し、それとともに執行部は地下にもぐった。一九三〇（昭和五）年七月ごろのことである。」（前掲山口近治著書・四九頁）

（2）

「教労」は非合法であったため、組合名を出して規約や当面の運動方針、スローガンなどを発表するわけにはいきません。そこで、『新興教育』の一九三〇年一一月号に、「日本に於ける教育労働組合運動に就いての一考察」（以下「考察」と略）という歴史的な論文が、渡辺良雄という個人名で発表されました。渡辺良雄名はもちろん仮名で、この論文の原案は、山口近治が素案をかき、宮原誠一、増田貫一、黒滝チカラなどが討論、加筆したものを、さらに山口近治が整理したものでした。

「この渡辺良雄論文なるものの重要性は、第一に、「教労」の創立を告げる宣言文書であること、第二に、その組織の目的・綱領の公表であり、第三に、その組織方針の確立、第四に、その運動方針の決定でもあった、「教労」結成の基本的文書と見なさるべきものである。」（井野川潔『論争・教育運動史』七二頁）

つまり、この論文が、非合法下の「教労」の運動の内容と方向を示すものとなりました。「教労」が、創立宣言も規約ももたなかったのは、こうした事情によります。山口近治は、そのために、支障と混乱を来したことは一度もなかったと、『治安維持法下の教育労働運動』（五一頁）の中で述べています。それは、緊迫した内外情勢、とりわけ人間としての基本的権利を一切認めない狂暴な治安維持法下において、一つの方向に志を同じくした青年たちの緊張し、変革に立ち向かうエネルギーを感じさせるものでした。

ここには、地方財政危機を理由とした教員の解雇、初任給引下げ、昇給停止などに反対するとともに、国定教科書反対、一学級四〇名制確立、児童への体罰反対、組合活動・政治活動の自由、スト権獲得、侵略戦争反対など、治安維持法下の苛酷な弾圧状況におかれながらも、教育労働運動の今日的課題が、先駆的に提起されておりました。

「教労」は結成と同時に、戦闘的、階級的な産業別全国組織である、日本労働組合全国協議会（略称「全協」）への加盟をきめていました。「全協」は、一九二五年八月に結成された「日本労働組合評議会」（略称「評議会」）のたたかいの歴史と伝統を受けついだものです。「評議会」は、日本共産党の指導のもとに、一九二六年、共同印刷の大争議や、浜松日本楽器の大争議をストライキでたたかったことは、有名ですが、一九二八年の三・一五事件の弾圧に関連し、翌月には解散を余儀なくされました。この「評議会」の果敢な歴史と伝統を受けついで、その年の一二月に結成されたのが「全協」でした。全国的な産業別の労働組合の組織化のために、戦闘的にたたかっていました。「教労」は、「全協」の一組織である日本一般使用人組合（「一般」と略）の教育労働部として活動することになりました。

山口近治は、「教労」の初代委員長とし、同時に「一般」の中央委員となり、一九三二年九月には、「全協」中央委員となり、やがて「一般」の責任者となり、「全協」の中央常任委員長に選出されます。こうして山口近治は、教育労働運動に軸足をおきながらも、「一般」の仕事と、また「全協」全体の運動にもかかわることになります。

「評議会」や「全協」にやや立入って説明したのは、教育戦線とともに、全国的な他産業の労働運動にも深くかかわりを持つようになった山口近治の特別な活動の拡がりについて述べたかったからです。

（3）

「顔を出せ！顔を出せ！」と
どこやらで扉《と》を蹴る音す
夜半の刑務所

われ死なば灰を捨つべし
海の上

インターナショナル波の間に間に
ひびきゆく戦車の音に
明け近き床に目覚めて
物を思へり

これらの短歌は、前述の山口近治の著書の中に、「囹圄《れいご》の歌」と題した、俳句と短歌を集めた集の中からのものです。「囹圄」とは獄舎のことです。山口近治は、戦前いくたびとなく、獄舎につながれております。最初は、教員として活動していた八王子市のメーデーに参加（一九三〇年五月一日）して検挙されたことに始まり、その二カ月後の七月には、星製薬の争議にかかわり荏原署に一週間ほど留置されるなどしました。また、一九三一年八月には、浅草の映画館争議の指導をしたことで所轄署に検挙、約一カ月後に釈放されました。これらの諸活動は主要には山口近治が組織的にもかかわった「全協」本部あるいは「全協・一般」の活動分野にわたったことでしたが、その間に、山口近治は「全日本教員組合準備会第一回組織委員会」を議長として取りしきり、二カ月後の八月には、非合法の「全日本教育労働者組合」（「教労」）準備会に切りかえるなどの経過を経て、前述したように、一九三〇年一一月に歴史的な「教労」が正式に結成され、山口近治が若き初代委員長となったことについては前述してきました。山口近治は、警察関係にはすでに顔が知られていたため、万一を考えて、「教労」結成の会議には顔を出しませんでした。山口近治の活動領域は、教育分野だけでなく、「全協」活動にかかわる、全国的労働運動にも責任を持つ立場でした。「教労」が結成されると同時に、短期間で、その組織活動は全国に急速に拡がっていきました。このことは山口近治の広い視野にたった組織的力量とを重ねて思わざるを得ないところです。

「非合法状態のもとでの連絡活動は決して容易でなく、慎重さがもとめられた。最高責任者のひとりである山口氏が地方組織の確立をはかるために、未知の土地へ直接足を運んだのは再三ではなかった。山口氏は、秋田、長野、富山、新潟、群馬の各地をひそかにおとづれ、支部結成の指導と援助をおこなった。」

「このように、山口氏は、教労の組織拡大のために全生活を傾注していったのである。」

（山口近治『治安維持法下の教育労働運動』「解説」岡野正）

（4）

山口近治は、一九三三年三月（長野県「二・四」事件直後）、治安警察の弾圧により壊滅状態にあった「全協」中央を再建するため奔走しました。同年九月二四日、「全協」の中央委員会を開くために集まったところを検挙され、約一年間警察署をたらい廻しにされたあと、治安維持法違反容疑で起訴、のち懲役三年の実刑判決で市ヶ谷刑務所に下獄し、一九三九年二月に豊多摩刑務所を出所しました。

一九四四年八月に、今度は帆足計と民主主義革命を画策したという容疑で憲兵隊本部に連行され半年間も留置されました。

やや長き強震過ぎぬ
錠固き独房にして
月を見ており

狂人の治むる国に生《あ》れしかば
常人われは

獄の飯喰《いいは》む

そして敗戦――。

ああ、治安維持法がなくなった初めての正月よ
空襲で家を焼き
家財を失い
高まるインフレに
生涯の前途は、一層苦難に満ちていようとも自由であることの
何たるうれしさ

これは長詩「解放の正月」の一節です。治安維持法下の時代をたたかい抜いてきて迎えた「解放の正月」の最後は、「憲兵や特高がなくなってせいせいした」とよろこんだ妻への賛歌でした。

ありがとう

妻よ、ありがとう
この解放のうれしさを
心からいっしょによろこんでくれる
妻よ
ありがとう
本当にありがとう

山口近治は、戦後四三年間を生き、一九八八年八月六日、八三歳で死去しました。

岩間正男——炎群《ほむら》となって一筋の道つらぬく

（1）貧しい農山村の教師

岩間正男は一九八九年一一月一日、八四歳の誕生日を迎えた日に亡くなりました。その生涯は、たたかう教師、歌人、政治家を統一した共産主義者としての、炎のような生涯でした。

岩間正男は一九〇五（明治三九）年に、宮城県蔵王山麓の柴田郡村田町で生まれました。

小学校四年生のとき、

こわごわとのぼるやさかの相山もきたりてみればさくらさきみつ

という歌をつくって、担任教師を驚かせたといいますから、小さい時から豊かな歌人的資質をそなえていたといえます。

岩間正男が、四年間の宮城師範を終え、はじめて教師になったのは、一九二五（大正一四）年四月、二〇歳の時でした。師範在学中は、大正デモクラシーの時代の空気を胸深く吸って、正義感にもえる教師としての重要な土台をつくりました。

最初の赴任校は、北上川口の石巻でした。大正デモクラシーは終焉を迎えようとしていました。

ほほえみてわれを迎うる子供らと並びて朝の街を行くなり
ひとすじに子を叱りいて寂しけれ窓の日ざしに目をやる今は

「若き教師として」と題された中のものです。

若い教師の、はじめて出会った子どもたちとの生活の姿が、初心の素直さで表現されています。

石巻に一年いて、翌年新設された師範の専攻科で、さらに一年間学び本格的な教師生活を始めたのは、一九二七（昭和二）年、二二歳の時でした。北上川流域の飯野川という町の小学校でした。この町での五年間の教師生活は、岩間正男のその後の人間的発展にとって、欠くことのできないものとなりました。

昭和の初頭、時代は深刻な不況下におかれていました。とりわけ東北農山村の人びとの生活は耐えがたいものでした。娘たちを紡績工や飲み屋に売るといった人身売買はあとを絶たず、教員の賃金も遅・欠配が続き、結核患者が続出していました。のちに岩間正男は『和光学園三十年史』に寄せた文章の中で、次のように言っています。

「わずか五銭の学級の紙代がおさめられないで、そのなげきをぼそぼそと作文にもらすといった農村プロレリタリアートの子弟の姿、そしてその苦しみとかなしみ、それはまた若く感じやすい教師のなげきかなしみであった。」（七〇頁）

当時の国定教科書の国語には「農業」について「農業は国の大本で、天のあたえてくれた恵まれた職業である」などと書かれていました。若く正義感に燃える岩間正男にとって、こうした教科書を子どもたちに教えることは、矛盾どころか、犯罪的にすら感じ、教師としての屈辱感を感じさせるものでした。この状況をどう切り抜けていけばいいのか、岩間正男は深刻な悩みにつきおとされました。

こうした時に出会ったのが雑誌『綴方生活』でした。この雑誌は、野村芳兵衛・小砂丘忠義・上田庄三郎（上田耕一郎・不破哲三兄弟の父）などによって、一九二九（昭和四）年一〇月に創刊されたものです。それは、子どもの生活への目を確かなものとし、子どもたちに、激動の時代を生きていく力を与えようとしたものです。この綴方運動の烽火《のろし》は東北寒村にあった若き教師岩間正男にとって「暗黒の谷間にとどいた光明であった」とのちに書いています（上田庄三郎著作集第五巻・月報）。日本の教育実践の歴史の上で、この雑誌によった教師たちは、いわゆる生活綴方運動としての不滅の光を残しているものです。

岩間正男の綴方教育は、『綴方生活』との出会いによって、それまでの自然の賛美や、生活現実から離れたきれいごとをやめ、身辺をきびしく直視する「調べる綴方」に変わっていきました。この時期、岩間正男は、一九二八年五月に創刊された全日本無産者芸術連盟の機関誌『戦旗』や、『資本論解説』といったものを読み出していました。それは目からうろこが落ちてゆく思いでした。

（2）北原白秋との出会い

一九三二（昭和七）年、岩間正男は飯野川での五年間の教師生活に終止符を打ち、上京し、成城学園の教師となりましたが、翌年いわゆる成城学園事件がおこり、岩間正男は渦中の人となっていきます。この事件は、学園経営者が、成城学園小学部の小原国芳の追い出しをはかったのが発端でした。学園の自由を守ろうとする岩間正男を含め小原派と、反動派とが激突し、ついには、小原派が敗北し、結局、岩間正男は首を切られてしまいます。

北原白秋はこの事件に、父母の一人として大きな関心を寄せ、「成城学園を思ふ歌」一四四首をつくるなどして、この事件に身を乗り出していったのでした。

荒地菊《あれちぎく》花みだれ立つこのあした成城紛擾のその原因《もと》を思ふ
相憎むともがらがうへに思ひいたりしみじみとあり日の照る庭に

これが、岩間正男と北原白秋との出会いでした。白秋との出会いは、岩間正男の短歌への情熱を燃え上がらせていきました。

一九三五（昭和一〇）年六月、白秋が雑誌『多磨』を創刊すると、岩間正男はただちに入会しました。『多磨』入会後の岩間正男の短歌は、年を重ねるごとに急速に内容的な深さと、表現の高さを獲得していきました。この時代の作品に次のようなものがあります。

ひとり来てこのさびしさや磯山にひかりふきあがる梅雨明けの雲
草邃《ふか》く夕焼け雲を映しつつ沓《とう》き田川のひと流れあり

岩間正男は、その師白秋に深く信頼されました。白秋の晩年には『多摩』の編集・選歌にも参加し、光を失い、病床にあった白秋を支えて活動したのでした。

北原白秋には、「満州事変が起こった三一年あたりから他に先駆けて愛国歌謡、戦争詩歌を量産していて、日本の戦時には戦争体制に率先して協力した文学者たちの中でもとりわけ顕著な存在」（中野敏男『詩歌と戦争――白秋と民衆、総力戦への道』ＮＨＫブックス、二〇一二・五・三〇）という厳しい戦後の批判的研究があります。白秋は一九四二年に死んでいますから、太平洋戦争下での文学活動はほとんどありませんが、それ以前の戦争と白秋について、前述のような指摘は客観的な事実であったと思います。

岩間正男の『追憶の白秋・わが歌論』は、表題からも想像できるように、敬愛する詩歌の師白秋への、かざり気のない追憶でした。戦争賛美への白秋へののめり込みを、岩間正男がどんな目で見ていたかは定かではありませんが、もっとも白秋を凝視し続けたのは、白秋の、短歌・詩・童話の世界に及ぶ、巨大な文学的業績の芯部に光る、詩人の魂であったように思います。一九三三（昭和九）年四月に起こった成城学園闘争や、二年後の小河内村民のダム建設にかかわり、湖底に沈む村の農民の抵抗運動への共感などに見られる白秋の詩人としての魂でした。岩間正男は前掲書の中で、北原白秋の詩精神のもっとも良質の部分、すなわち、「何よりも常に自らを変革してやまない創造者としての詩人の潔癖」（一一頁）を継承することができたのではないか、と私は思います。

（3）炎群なす闘争に

敗戦直後の一九四五年一二月一日、戦後の日本で最初の教育労働者の組合、全日本教員組合（全教）が結成されました。この全教中央執行委員の中に、若き日の岩間正男、関研二、入江道雄、小林徹、増渕穣、稲垣正信、奥田美穂などの人々がいました。全教は翌四六年六月二六日に、日本教育労働組合（日教労）に発展的に改組されます。日教労はさらにその年の一二月二二日、歴史的な二・一ゼネストを目前にして、全日本教員組合協議会（全教協）を結成します。その中央闘争委員長が岩間正男でした。

この時期、岩間正男を先頭とする、日本の教育労働者の組織が、もっとも中心課題としたのは、教員の最低生活権獲得と民主教育確立の二大目標でした。学童給食要求のたたかいも、具体的な重要課題でした。岩間正男は、これらの要求実現の先頭に立って、全力投球でたたかったのでした。

闘争宣言手交し終えて炎群《ほむら》なす隊列のなかにわれら入り行く
るつぼなすたぎりの中に身は置きて思い澄むとき白菊咲けり

この頃の代表的な作品です。前歌には、当時の田中耕太郎文部大臣に、闘争宣言を手渡し、要求実現までは一歩も退くまいとする気迫が、よくあらわれています。また後歌は、激しいたたかいの日々の中での感性の冴えを示しています。岩間正男の第一歌集『炎群』（一九四七年一〇月刊）は、一九四五年から四七年までの作品をまとめたものですが、この時代、岩間正男はまさに炎群となってたたかったのでした。

全教協は、一九四七年六月に結成された日教組の母体となりました。岩間正男を先頭とした全教は、結成以来一年七カ月のたたかいの中で、ついに教育労働戦線の統一を実現したのでした。

戦後のこの時期は、短歌・俳句などの日本の伝統的小詩型にたいする批判が、「第二芸術論」「短歌滅亡論」として鋭く噴出した時期でもありました。桑原武夫が、雑誌『八雲』(一九四七年五月号)に書いた評論「短歌の命運」の中で、岩間正男の作品などを引用して、自論を展開しました。

秋なすのつやつやしきを今朝も剪《き》るさきわい長く今は保たな

桑原武夫は、この作品を取り上げ、いったい、この秋茄子の詠嘆のどこに、全教協中央闘争委員長の姿を見ることができるであろうか。といった意味の批判をおこない、短歌の限界性を強調したのでした。しかし、岩間作品の中には、前述の「るつぼなすたぎりの中に身は置きて」のように、あたらしい清冽な叙情精神に満ちた、「たたかう短歌」もあったのでした。桑原武夫は自説に都合のよいものだけを引いていて、岩間短歌の全体、ましてやその本

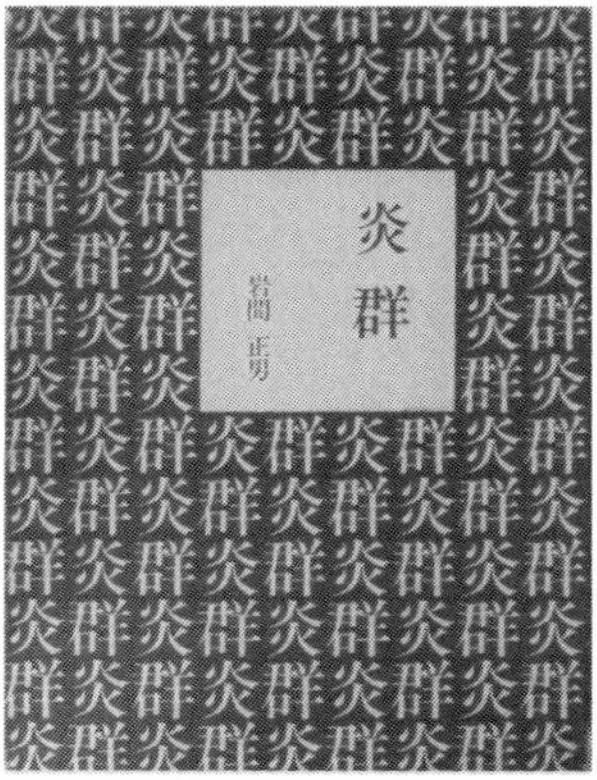

『炎群』（1985年12月・けやき書房版）

質への批判とはなり得ていないものでした。

岩間正男は、こうした批判にたいして、歌集『炎群』（初版一九四七年一〇月）の「あとがき」で、

ほろびよと人の言えればそれもよしほろびの後に興りくるものを待つ

という歌を記して、桑原武夫の批判に応じながら、短歌についての確信を吐露したのでした。この時期に、やはり「第二芸術論」に反発した土屋文明が

歌作るを生意志《いくじ》なきことと吾も思ふ論じ高ぶる阿房どもの前に

と歌いましたが、二人の個性がよくあらわれていて面白いと思います。

いずれにせよ、戦後の教育労働運動史においても、また短歌史においても、岩間正男はその小柄な体に、覇気を充満させて、まっすぐに立っていたのでした。

（4）「銃眼に身をふさぐごとき」

岩間正男は、二・一スト後の一九四七年四月におこなわれた第一回参議院選挙に、全教協から推薦されて、無所属で全国区に立候補し、当選しました。しかし、その後の情勢は、急速に反動化の方向を強めていきました。社会党の片山内閣や、芦田連立内閣は、いずれもアメリカの占領政策に忠実で、反人民的な政策を推進していきました。「経済九原則」がおしつけられ、日本経済のドル支配体制への組み込み、独占資本の復活を急ぎ、行政整理や企業整備が強行されようとしていました。

岩間正男はこうした戦後の最初の反動攻勢の中で、日本共産党に入党したのです。一九四九年二月のことです。

進まねば退くほかないところまでぎりぎりぎっちゃくのそのところまで
昂《たか》ぶりも逡《ため》らいもなしといわば言い過ぎんこの夜入党宣言ひとりかきつつ

「進まねば退くほかない」そのぎりぎりの状況のもとで、岩間正男は日本共産党に入党することを決意したのでした。

岩間正男の短歌は、白秋に似て全体として均整のとれたリズム感を持つものが多い中で、「入党宣言」と題した前掲の二首は、異例とも言える破調、字余りです。反動攻勢に激しい闘争心を燃やしながら、意を決して党とともに前進しようとする、溢れるような思いが、よく表現されています。

岩間正男は一九五三年四月の参議院選挙に日本共産党の公認候補としてたたかったものの惜敗しましたが、一九五六年七月の参議院選挙では見事に雪辱して当選しました。以来七七年七月に退転するまで、四期二四年間、国会議員としての、一貫した活動が精力的に展開されました。

岩間正男が議員として活動した時期は、サンフランシスコ条約、安保改定、日韓条約、沖縄協定と相つぐ、まさに日本の戦後史の激動のまっただ中でした。

大衆闘争の波が国会をおし包むたびごとに、岩間正男は参議院の議員面会所前に立って、生活、権利を守り、日本の平和と民主主義を守るためにたたかう人びとを激励し、その一体感の中で、さらにたたかいの心を燃えたたせていったのでした。

うれしき悲鳴ともいうべし日に夜をつぎ握手に腫《は》れて疼《うず》くこの手は

夜半さめてうずく指《および》の節々よ大衆とのつながりというをまたも思へり

「岩間さんという人は、気性の激しい、頑固な人でした。言い始めたら絶対に引かない、怒り始めたらほとぼりの冷めるまで待っているしかない」とは、戦後の教員組合運動で行動をともにした、今は亡き平和委員会のリーダーであった小林徹の語った言葉です。岩間正男のこの激しい気性や頑固性は、反動勢力に対峙した時、もっともその真価を発揮したのでした。しかし、岩間正男は、本質的に心やさしい、しなやかな、情感の人でした。北原白秋が岩間正男の中に見たものは、まさにそうした人間としての潔さであり、人間愛だったのではないかと思います。

岩間正男には忘れられない一首があります。

銃眼に身をふさぐごとき思いもて過ぎしたたかいのとき長かりき

長い議員生活をふり返っての感慨です。激しい反動攻勢の中で、日本共産党の国会議員が、参議院でも二名とか四名とかの極めて困難な時代がありました。その頃、岩間正男は、それこそ捨て身の思いで、反動の攻撃に真正面から切り進んでいった、その表象が「銃眼に身をふさぐごとき」だったのです。この表現には、岩間正男の人間としての全重量がかかっている、と言えます。

岩間正男が亡くなり「岩間さんの出棺の際に送る言葉」で、日本共産党中央委員会を代表した上田耕一郎副委員長は、この歌を引き、これは「たたかう歌人である岩間さんだけが言える、しかし、当時の党の議員の活動の困難さとその英雄主義を見事に喝破した表現」と言いました。忘れられない言葉です。

渡会秋高《わたらいあきたか》――命を賭した教育解放の戦士

(1)

明るい病院にするため　闘ったあなたたちの　白衣のまぶしさ。(『人民短歌』創刊号)
炭のない炬燵に、夜更け物書きゐれば、ハリハリと水こほる音。(『人民短歌』第二号)

前歌は「私は見た!」と題する五首のうちの一首、後歌は「たたかいの余暇に」と題する四首の中のものです。

口語自由律で歌っているこの作品には、敗戦直後の窮乏生活と病弱な体を支え、歴史の激動に立ち向かっていこうとしている、渡会秋高の緊張した精神の高鳴りが感じられます。

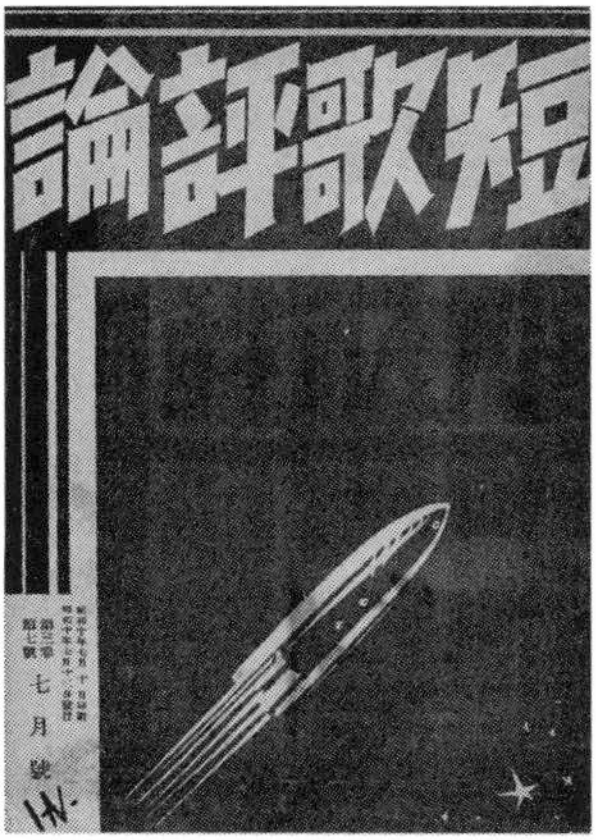

『短歌評論』（1935 年 7 月号）

渡会秋高といっても、新日本歌人協会の中でも、もはや知る人もないかも知れません。しかし、一九三〇年代に、階級的、戦闘的な非公然組織の「全協」や「教労」運動、プロレタリア短歌運動の再出発として、渡辺順三を中心に創刊された『短歌評論』その後の『短歌時代』にも関係し、敗戦後は病身をおしていち早く渡辺順三の「新日本歌人協会」の創立（一九四六年二月）に加わり、また戦前からの経験を生かしながら、驚くべき出足の早さで、教職員組合結成の推進力の一人となった、誇るべき先達の一人です。

渡会秋高は、一九一一（明治四四）年、福島県信夫郡に生まれました。一九二一（大正一〇）年、福島師範を卒業すると大沼郡旭村小学校に赴任しました。

一九三二（昭和七）年一〇月頃から、労働運動にふみ出しました。階級的な「全国労働組合協議会」（略称「全協」）加盟の一般使用人組合福島支部の組合員となり、また教育労働組合結成のための活動を展開し、一九三三（昭和八）年一月に、「教労」福島支部準備会を結成し、リーダーとなりました。

渡会秋高が教師となった昭和の初頭は、福島県内でもいたるところで、恐慌と凶作による惨状におそわれていました。たとえば、「安達郡山木屋村では村内三二〇戸のうち一銭も持たぬ家が二五戸。今では草方ボロ、アガサ、山フキ、山ウドで命をつなぐ。犬猫もほとんど食い尽し、源五郎虫さえ食う」という状態でした。(『福島高教組二十年史』一六頁)

教労福島支部結成準備会の二カ月後、一九三三(昭和八)年三月、渡会秋高は、教労活動と「赤旗《せっき》」(地下にあった日本共産党機関紙)配布の活動で検挙され獄につながれました。県行政当局は、判決も出ないうちに、渡会を懲戒解雇し、教職から追放しました。結局、未決(判決が出るまでの獄中生活)に一年近くつながれた後、一九三四年四月一日、治安維持法違反で懲役三年、執行猶予五年の判決で、出獄します。

渡会秋高は、出獄後上京し、『短歌評論』に参加し、創作活動を開始し、同時に「全協」活動にも参加しました。

（2）

渡辺順三の戦後の著作である短歌的自叙伝『烈風の中を』（東邦出版・一九九一年）の中に、戦争末期を描くこんな一節があります。

「その頃私たちは一カ月に一回ぐらいひそかに集っていた。場所はどこだったか忘れたが（おそらく上落合の加藤秀雄の家で、渡会君の隣に住んでいた。）集まったのは服部友重、高橋勝之、一条徹、渡会秋高、加藤秀雄、それに私など五、六名で、各自いろんな情報を持ちよって、世界の情勢や、戦局について語り合った。ここだけは遠慮なく話し合えた。日本の敗戦を疑うものは誰もいなかった。いや敗戦の日が一日も早く来ることを願った。」

渡会秋高の歌に

たかぶってくる思いをひそめ
夜ふけ
新聞の欧州地図壁にはりつける

この一首が、『烈風の中に』ひかれていますが、作歌年代は不明ながら、「ひそかに集っていた」雰囲気と重なっているように思えてなりません。私が順三自叙伝の中で発見したのは、渡会秋高が、歌人として渡辺順三のごく身近に存在し、敬愛感を持っていたということでした。

戦争末期、故郷に療養のため帰っていた渡会秋高は、敗戦とともに上京し、もっとも早く活動を始めていた自由懇話会（敗戦二カ月後の一〇月一日結成）に入りました。現在では、全く歴史書から姿を消してしまって、知る人のないような状態ですが、自由懇話会は、党派をこえた政治家、学者、文化人などによって結成された文化啓蒙団体です（増渕穣）。

自由懇話会がもっとも力を入れたのは、国家主義教育の一掃と、民主的な教育体制を確立することでした。教育部会が設けられ、渡会秋高は常任理事として部会責任者となり、事務局長の新島繁とともに活動を始めました。

渡会秋高は病弱の身ながら、水を得た魚のように、全国的な教員組合の結成を急ぐため、戦前の「教労」「新教」などの人びととのつながりを拡げ、結集することに努力しました。

敗戦の年の一二月一日を統一的な組合結成を目標においた、実質的な準備会が、敗戦の年の一一月一八日に、神田の神竜小学校で開かれると、渡会秋高も、ただちに参加しました。

『日本教育運動小史』（増渕穣）

一九四五年一二月一日、「全日本教員組合（全教）」が、東京神田の教育会館で結成されました。増渕穣の『日本教育運動小史』には、この時に選出された四八名の中央執行委員の名前を詳細に書いております。それは多彩な顔ぶれで、いかにも歴史の激動に直面した緊張と展望とを想像することができます。この四八名の中に、渡会秋高はもちろん入っていました。長野県「二・四事件」で治安維持法の弾圧をうけた奥田美穂もいました。何人かを列挙してみます。多彩な顔ぶれです。カッコ内は所属組織・勤務校・現任地などです。

渡会秋高（自由懇話会）、新島繁（自由懇話会）、奥田美穂（豊島区在住）、岩間正男（世田谷・塚戸）、稲垣正信（慶応大）、関研二（本所・小梅）、小林徹（荏原・平塚）、北村孫盛（鎌倉在住）、中村新太郎（茨城県在住）、増渕穣（東京都学校報国団）、羽仁五郎（自由学園）、羽仁説子（自由学園）

「全教」は、急速に組織発展を遂げつつ、全日本教育労動組合（一九四六年五月二日）、日本教育労働組合（略称「日教労」・一九四六年六月二六日）と闘いながら発展していきます。「日教労」は、この大会での規約改正により、組合員は現職教職員ということになり、戦前の活動家たちは、戦後の民主教育の確立を目指す、教育・文化関係や、教育ジャーナリズムなどの部署に転じていったのでした（この項、増渕穣著書による）。

（3）

敗戦直後の混乱の中、他産業の労働組合づくりがいまだ手さぐり状態の中で、教育分野でのいち早い、全国的な単一組合を目指してのこの運動のふみ出しは、画期的とも言えるものでした。これは、治安維持法下の暗黒政治とたたかってきた、「教労」「新教」の運動をはじめ、「生活綴方」や「教科研」（教育科学研究会）「生活学校」の活動をはじめ、教育の民主主義的発展を目指して力闘してきた、日本の教師たちの不屈のたたかいの体験が結集したことが、大きな推進力となったことは、誇るべき歴史的な事実でした。

渡会秋高の中心的な活動舞台は、歴史の激動の中に立ち上った「全教」であり、そのになった部署は、全国的組織の結集をはかる、宣伝、啓蒙の機関紙の編集責任者でした。それと同時に、渡辺順三をたすけて、「新日本歌人協会」創立に参加し、機関紙『人民短歌』を創刊することでした。渡会秋高が病弱の身を粉にして活動していた姿を多くの人は注目し、評価したのでした。

当時は、占領政策として、新聞や出版物の用紙は配給制でした。「紙がなく印刷する所もなくて、情報宣伝活動に非常な支障がありましたが、この問題に一番骨を折っていたのが、渡会氏であったような気がします。そして、確かその任務の遂行中に彼は亡くなられたのです。最初の犠牲者でした。」（増渕穣・前掲書所収「運動参加者の証言」伊藤吉春発言より）

「全教」の正式な機関紙第一号『NIPPON KYOIKU SHINBUN』は四頁だてで、一九四六年五月三日附で発行されました。渡会秋高は、この機関紙の印刷のために奔走し、最終的に読売新聞で印刷してもらうことにこぎつけ、用紙は読売から一時的に借り、のちに「全教」への割当が来たらそれで返すということにしたのです。

渡会秋高は、このローマ字の題字の、機関紙第一号を見ることなく、四月二日に急逝しました。渡会秋高が手がけた機関紙は四頁の最後に「教育解放の戦士——渡会秋高氏の死を悼む」を掲げ、追悼しました。

「四月二日にわれ〱民主主義革命の勇敢にして忠実な戦士、全日本教員組合と東京都教員組合を生み育てた最も信頼する同志の一人――全教中央執行委員渡会秋高氏を失った。氏は組合結成準備の時から最も積極的に参加して組合の正常な発展のためにあらゆる反動勢力と闘ったのである。」

と書き出された追悼文は、また次のようにも書いています。

「彼は南多摩郡の相原から結核を病んでゐる身を押して遠い都心へ通ひつゝ、朝早くから夜遅くまで闘争の指導に休む暇もなかった彼の最後の努力が機関紙の発行に注がれてゐた。一日、雨を冒《おか》して深夜帰宅し、風邪をひいたのがもとで急性肺炎をひき起し、つひに前途ある有能な四五歳の世を閉ぢたのである。」

こう書いた追悼文は最後に、渡会秋高が亡くなった翌日生まれた愛児とその母におくる遺族救援金（一口一円以上）を訴えて終わっています。追悼記事は「遺稿」として、渡会秋高のもう一つの活動分野であった『人民短歌』創刊号の渡会の作品「私は見た」から四首、第三号の「大衆の中に」から三首を掲載しています。

体の中まで石炭酸の匂ひしみこませ　働くあなたたち　病院の明るい明日が来い（創刊号）
行進、なだれのように、ぐいぐい前の者を肩でおしてゆく、流れだ（第三号）

（4）

『人民短歌』一巻七号（一九四六年八月一日）の中に、渡辺順三が、小名木綱夫と、渡会秋高の遺族のもとに救援金を持って訪れたことを次のように書いています。

「六月中旬までに二八二円集ったので、六月二十日、小名木君と小生と二人東京都下相原の未亡人綾子さんをお訪ねして寄附者の名簿に添へてお渡しした。綾子さんは各位の御厚志に対し、感涙にむせんで居られた。——遺児公夫君も元気ですくすく育ってゐる。僕らの顔を見るとすぐ笑顔を見せるといふ可愛らしさであった。（略）」

この時同行した小名木綱夫も二年後の一九四八年三月に結核とたたかい、貧しい生活の中で、江古田の武蔵野療園で三八歳で死んでいます。
話はさらに、二〇年後のこと。渡辺順三は一九六九年から七〇年夏まで、心臓病のため、代々木病院に長期入院していた時のこと、ある時増渕穣が入院してきて、同室となり、戦後に渡会秋高らと共に、教員組合の結成に活動してきたことを聞き、親交を深めます。以下は『烈風の中を』（二四七頁）の二人の話の部分です。

「当時新宿の小滝町に住んでいた増渕さんの家で会合があって、渡会君も出席していたが、夜更けて会が終り、渡会君は現在新原町田に合併されている相原というところにあった自宅へ帰ったのだが、三月末の寒い夜で、しかもみぞれまじりの雨が降っていたということである。そんな夜、駅からかなり遠い家で（渡辺順三は、遺族救援見舞金を持っていった事があるので実感できたと思う。引用者）ずぶ濡れになって帰って、そのために急性肺炎にかかったのであった。」

「全教」の機関紙第一号の、渡会秋高の追悼文の中で、「一日、雨を冒して深夜帰宅」と言っているのは、まさしく増渕穣の家からの帰りだったのです。こうしたことが明らかになったのは、増渕穣と渡辺順三とが、渡会秋高を通して結びつけられた病院での出会いによるもので、奇縁と言うべきものでした。

もう一つの奇縁がありました。渡会秋高の姉にあたる人が、代々木病院に入院してきて偶然に話し合うことができたのです。この姉という人が、弟の歌をぜひ見たいと言うので、順三は手許にあった『戦争犠牲者十人集』という小さな小さな歌集（縦六cm、横九cm――ここには渡会秋高の行がえ自由律の歌二九首を収録）を借してやったところ、大変よろこばれて、渡会秋高の作品を全部写したと言って、返してよこしたといいます。

渡会秋高が『短歌評論』に参加したのは、おそらく二〇歳代の後半頃と思います。渡辺順三は、いつの頃か忘れてしまったと言っていますが、自伝『烈風の中を』で、「私は渡会君に連れられて福島の渡会君の生家に行き、そして土湯という温泉に一、二泊した記憶がある」（二四七頁）と書いています。想像するに、渡会秋高は、病身ながらプロレタリア短歌運動の先頭に立ってたたかっていた順三に深い敬意と親愛を抱き、慰労したかったのでは――と思います。順三も、渡会秋高のことを深く記憶にとどめたことと思います。

戦後の日本の教職員組合運動に、それこそ身命を賭した渡会秋高は、戦前も戦後も、短歌の革新運動に献身するなど、両分野の先達として、記憶に深くとどめるべき人だと思っています。

〈追記〉

私の手許に、渡辺進さんから一九九六年に託された、小名木綱夫歌稿ノートが数冊あります。その第二輯（自〈昭和〉二〇・一一・一五　至二一・六迄）の最後の方に「在りし日の渡会君」（昭和四一年四月）と題した短歌一三首が記録されています。その中より五首をあげます。

息絶《ことき》れをかなしむまなく亡き友の一の男の子は生れしといふ

つかれゐる躯笞うち亡き友は息きれるまでたたかひやみしか

口許のものいひたげな笑みさゐもやつれてゐしか君をしのべる

逝く友の志《こころ》しのべば生きてある吾らなすことはかならず遂げむ

渡会君と終の袂別《わかれ》をこゝにせし中野駅の歩廊を歩み悲しむ

本庄陸男《むつお》——新興教育運動とプロレタリア文学への献身

（1）

馬、馬、荷馬
うれしいか
目かくしされて
飾られて
エッチラ、オッチラ
車ひく

この童謡は、本庄陸男の唯一の教育評論集『資本主義下の小学校』（一九三〇年一〇月・自由社）の中の「童謡の問題について」と題した評論で引用されている「馬」という作品の一節です。もちろん、すぐれたものというわけではありませんが、本庄陸男は、雑誌『赤い鳥』によった北原白秋の児童詩の指導理論が、「児童を、地上から次第に引き上げてしまひ、遂に天国にまで送り込む」ことに反対し、この作品に見え始めている、現実の具象化を評価し、指摘しながら、「童謡本来の目的は、決して、子供を、天国に遊ばせるものではないのだ」*1と力説したのでした。

文学においても、教育においても、本庄陸男は生活を深く階級的に見すえ続けたと言ってもよいでしょう。そのことで、教育分野においても、「一九三〇年代の新興教育運動の源流」（柿沼肇）となり得たと言えるのだと思います。

本庄陸男は、一九〇五（明治三八）年二月、北海道当別村の開拓農民の子として生まれました。父は佐賀の士族で、開拓民として移民したものですが、家業の荒物雑貨商が倒産し、今度は北見渚滑《しょこつ》村にふたたび開拓民として移住します。本庄陸男は、紋別の高等小学校を卒業後、母校の代用教員を一年した後、上京の志をかため、その費用を貯めるために、樺太《からふと》に出かけ製紙工場で働きました。一六歳で上京、青山師範に入学し、四年後に卒業します。

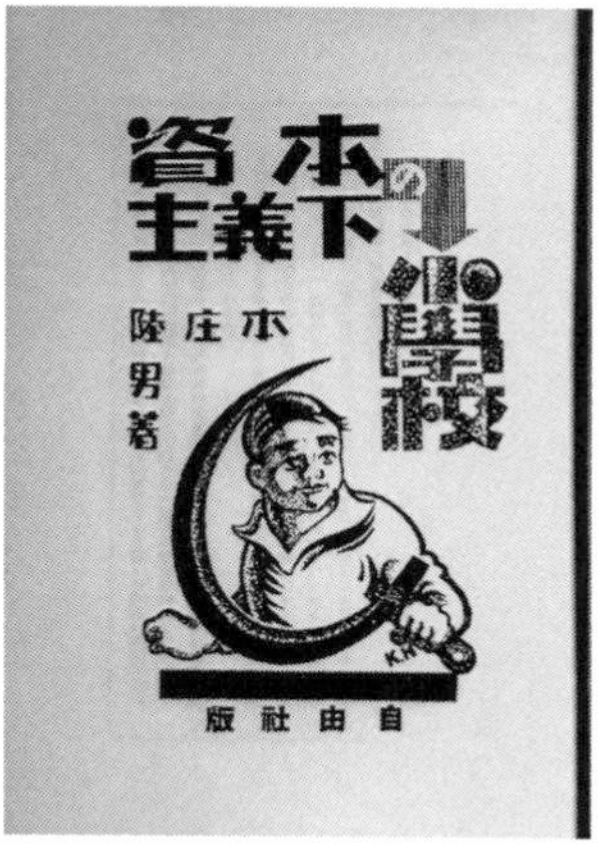

『資本主義下の小学校』(1930年)

師範学校時代は、抜群の成績であったこともあり、当時東京一番と言われた名門校、本郷の誠之《せいし》小学校の教師となり、四年間つとめます。

師範時代から文学に関心を持ち、同好の青年教師たちと文芸同人誌『義足』を創刊し、前衛芸術同盟に参加したりします。『義足』創刊号は「秩序紊乱《びんらん》」を理由に、発売禁止の目にあいます。本庄陸男にとって、思想・表現にかかわる、はじめての弾圧は、彼にとって社会的、批判的なその目をいっそう鋭くとぐことになったに違いありません。それは『義足』同人組織を翌年青年教育家連盟に改組し、さらに同年(一九二八年)、教育ジャーナリストも加わった「教育文芸家協会」を設立、さらに「教文協会」と改称し、一九二九年一〇月の「小学校教育連盟」への結成へと急速に発展していくことを見てもわかります。日本共産党への大弾圧「三・一五事件」や、翌年の「四・一六事件」などを背景におくとき、本庄陸男は、急速に社会的視野を拡げ、抵抗的、革新的な意識を強めていったことが、ありありとうかがえます。

こうした活動と並行して、本庄陸男が教員の現実生活を守り発展させるために、教員消費組合設立についても、力を注ぎ指導的な役割を果したことは、注目すべきことです。

こうした活動と一体的に、本庄陸男は教育問題にも鋭い視点が加えられていきます。東京一と言われた名門校誠之小学校での教育内容が「中等学校への受験中心主義な雰囲気に満ちた」（柿沼肇[*2]）ものだといいますから、本庄陸男は、激しい違和感を起こしたであろうことは、想像にかたくありません。結局、「四・一六事件」の起った同時期に、自分から希望して、深川の明治小学校に転じ、「劣等生」の多い「特殊学級」を受け持つことになるわけです。

本庄陸男の一九三〇年刊の教育論集『資本主義下の小学校』は、明治小学校に転じた一年後の作品であり、のちの教育小説『白い壁』や長編『橋梁』とともに、この明治小学校の体験が濃厚に反映されていることを知ることができます。

『白い壁・橋梁』（新日本文庫）

＊1 『資本主義の小学校』復刻版・一九八〇年九月・白石書房

＊2 前掲書収録『新興教育基本文献集成』解説

（2）

本庄陸男の大きな特徴は社会的な教育問題、教育労働問題に強くかかわりながら、同時に、プロレタリア文学運動に積極的に参加して活動したことでした。最晩年に書いた、長編歴史小説『石狩川』によって、プロレタリア文学史に金字塔を打ち立てた、共産党員作家でした（本庄陸男は、一九三二年に、非公然の日本共産党に入党しています。しかしこのことは、関係者によって固く秘密にされたため、戦前、特高警察にも一切探知されず、入党が明らかとなったのは戦後のことでした）。

戦前のプロレタリア芸術運動の索引車となった日本無産者芸術連盟（略称「ナップ」）が創立されたのは、一九二八年三月二六日でした。それは、「三・一五事件」の大弾圧からわずか一一日後のことでした。ナップの機関紙『戦旗』創刊は、ナップ創立の二カ月後の五月でした。

本庄陸男が創作活動の大きな足がかりとしたプロレタリア作家同盟（略称「ナルプ」）が結成されたのは、ナップ成立の約一年後の一九二九年二月一〇日でした。それは「四・一六事件」による弾圧の直前の時期でした。

こうした経過を見ただけでも、この時代の作家・芸術家たちの壮絶な活動や身の処し方には、今思っても襟を正される思いがします。

一九三一年七月八日、日本プロレタリア作家同盟の臨時大会で、あらたに小林多喜二が書記長に選ばれ、本庄陸男は作家同盟の中央委員に送出されます。一〇月には作家同盟書記局員となり、機関紙「文学新聞」の発行責任者となりました。おそらくこの時期の本庄陸男は、同じ北海道出身者の小林多喜二を身近に感じながら、作家同盟の仕事に献身していただろうと思わせます。一九三二年に日本共産党に入党する一つの要因になったであろうと推測するのは、それほどの見当違いではないような気がします。

こうした、プロレタリア文学運動の多忙な時期に、ほとんど重なって、教育運動にも大きな力が注がれていました。

一九三〇年一月、小学校教員連盟への大弾圧で、本庄陸男も検挙されます。連盟東京支部では四五名が検挙され、すかさず行政当局は、中心人物と見た山口近治、町田知雄、増渕穣などをはじめ、本庄陸男ら一二名を免職にしました。本庄陸男は、こうして明治小学校の教壇を一年たらずで追放されました。

本庄陸男の深川小学校での教職体験は、一年にもたらず終わりましたが、彼はそこに『資本主義下の小学校』の最大の矛盾である、階級的、差別的で、非人間的な教育のあらわな姿を見とどけたのでした。三章からなる前掲書の先頭章の五つの表題——「資本主義下の小学校」「無産児童教育」「低劣児童の問題」「少年組織と教育者」「新興教育の根ざすところ」——を見ただけでも、その意図は明らかです。

しかし、本庄陸男は弾圧に屈することなく、一九三〇年代の教育運動に大きく寄与する活動となる新興教育研究所の設立（一九三〇年八月）にかかわり、その創立所員、常任委員としての役割をにないます。

こうした新興教育運動と、プロレタリア文学運動を統一した一つの結節点として、前述の『資本主義下の小学校』が生まれる必然があったのだろうと思います。

（3）

「とうとう癇癪《かんしゃく》をおこしてしまった母親は、削りかけのコルクをいきなり畳に投げつけて「野郎を……」と喚くのであった。

「いめいめしいこの餓鬼やあ、何たら学校々々だ。この雨が見えねえか！　今日は休め！」

これは、本庄陸男の教育小説『白い壁』（『改造』一九三四年五月号発表）の書き出しです。

結核で寝込んでいる父親。母親はわが子に内職のコルク削りでもさせようと、叱鳴りちらしているのです。こうした家庭の子や、水上生活者の子、眼鏡の買えない近眼の子、日雇労働者の子どもなど、貧困な家庭環境の中で、さまざまの能力の正常の発達が阻害されているいわゆる「低能児という烙印」をおしつけられた「特殊学級」[*1]の担任が作中主人公の青年教師杉本です。

杉本は、「低能児」として、校内でも非人間的に扱われ、蔑《さげ》すまれ、差別されている、この子どもたちの中に、深く光る人間としての力や心を信じながら、苦悶し、格闘します。学級の子どもたちにも、杉本の思いが感得されていきます。『白い壁』の最後は、杉本と子どもたちの思いが一つとなる感動的な場面です。

月曜日の第一時間目は、全校修身の授業です。始業のしらせがあっても、杉本のクラスの子どもたちは落ち着かず、ざわめき立っています。杉本は授業に入れません。こうした事態は日常的なのです。

授業に入れず思案している杉本に、子どもたちは「修身をやろうよ」とせまり、さわぎ出します。こうした時に、これまでも思い余った杉本は、大久保彦左衛門の講談をよくやりました。子どもたちが「修身」と言うのは大久保彦左衛門の話です。

杉本が思いあぐねていた時、船頭の子の川上忠一が座席から立ち上りました。

「あたいが修身をしてやらあ」

「ちえっ、手前の話なんか聞きたかねえや」と目玉をひんむいた錺屋《かざり》の子が叫んだ。

「やれ、やれ」と塚原は音頭を取った。「先生邪魔になるからそこ退《ど》きな、川上が修身をやるんだからさ、早く退きな」*2

川上忠一の「修身」は、三歳の時に出会った関東大震災の話でした。「しんさい」と聞いて子どもたちは、一度にしずまりかえります。川上は住み家である船が焼かれ、水に飛び込み逃げたことや、日本刀を持った恐ろしい男が、「お前え、朝鮮人野郎だなって、こうだ」と言って川上は一太刀浴びせる恰好を見せるのでした。それから太い針金で、女の人をぐるぐるまきにまいて殺す場面を話しながら、川上はその時の恐怖の記憶を思い出し、途中でわなわなふるえ出しました。

「先生、先生ッ！　大変だ、柏原が、うんこを漏らしちゃった、うんこ――」

柏原富次という発育不全で、日陰の草みたいな子は、下痢便のようなゆるいものをしたのです。

杉本は、柏原の跡始末を小使い（用務員）に断わられ、一人で灰を塵取りに入れ、雑巾とバケツを運んできます。子どもたちは、「汚れない机を片づけ」「白墨で大きな輪を描き」その真中に、不意に漏らしてしまった柏原富次を腰かけさせました。杉本は、その日の授業をあきらめ、子どもたちに家に帰ってもよいと言います。しかし、一人も帰ろうとせず、丸い白墨の土俵の輪を取り囲んでうずくまり、仲間の不幸をいたむように黙って座り続けたのです。

杉本は、柏原の着物を脱がせ、「汚れた尻から腿《もも》を拭いて」やります。腹でもこわしたのか、と聞くと、柏原は言下に否定し、低い声で、漏らしの理由を杉本に話します。震災の時、柏原富次の母親はびっくりして、月足らずで自分を生んだのだと言います。それ以来、震災の話を聞くと、恐怖におちいるのだと身体を拭いてもらいながら、細い腕を教師の頭に巻きつけ、「幸福をぽっと面に漲らし」て告げるのでした。

——そこへ校長が入ってくるのです。

めざとく見つけた柏原富次が、息をひそめて杉本の耳にささやきます。

「校長先生がはいって来たよ、あらら…やんなっちまうな」

『白い壁』は、この一語で終わります。読み終わった感動の中で、白墨の土俵を囲んでいた沈黙の輪が、にわかに動き出し、ざわめき、校長に何も言わせまいと言いかけ、校長を教室から追い出す場面を想像したりしてしまいます。

『白い壁』の修身授業にかかわる、この小説部分は、絶対主義的な天皇制による忠君愛国の精神を植えつける中心的な教科「修身」に対する、批判的な教師と、差別され劣等視された子どもたちの抵抗の物語りです。人間的尊厳をふみにじられている子どもたちと、青年教師杉本とが、心の底深く人間的信頼を結び合わせた、プロレタリア文学の白眉の小説とも言えるものです。

＊1　『橋梁・白い壁』新日本文庫・一九八二年三月
＊2　前掲書

(4)

「やや薄い長めの髪をむぞうさになであげた頬のこけた顔が、度の強い太い黒ぶちの眼鏡の下から鋭い目をギョロリと光らせて、あたりの様子をうかがっていた。その時の本庄君の緊張した面影は、四十数年経った今でもはっきり私の脳裏に焼きついている。」

これは、若くして「教労」委員長として活躍した、山口近治の戦後の回想です。[*1]

本庄陸男が若き日に力を注いだ小学校教員連盟の弾圧事件にはすでにふれて来ました。連盟の名簿が警察の手にわたり、東京ではすでに検挙が始まっていた状況の中で、有力な支部であった八王子にも弾圧の近いことを地域責任者の山口近治に、警戒するように本庄陸男が急報に来たのです。この時、山口近治は、生活日常品を商う実家の店にいたのでした。本庄陸男も、山口近治も間もなく検挙されたことについては、すでにふれて来ました。

山口近治のこの回想部分は、本庄陸男について残された、たった一枚の鮮明な写真のように、私には思えてなりません。

「（明治小学校を）免職になったあとの貧しい生活に耐えつつ、誠実で献身的な働き手として、弾圧の激化する情勢下の困難な運動をささえ、一九三二年二月ごろには日本共産党に入党している」（津田孝）＊2

誠実な活動家として定評のあったという本庄陸男の執筆活動は、生涯にわたって、切れ目なく続けられました。

「作家同盟解体後（一九三四年二月・引用者）『現実』の発刊、『人民文庫』『新評論』などの編集に参加。この間多数の作品を発表したが、同時に何度も検挙、投獄され、ほとんどいつも特高の監視下におかれた。」（柿沼肇）＊3

本庄陸男は長編力作『石狩川』を刊行（一九三九年五月）した二カ月後に、肺結核で、わずか三四歳の若さで、その生涯を閉じました。

＊1　『治安維持法下の教育労働運動』山口近治・一九七七年一二月・新樹出版

＊2　『橋梁・白い壁』新日本文庫「解説」
＊3　「新興教育基本文献集成」解説

岩代輝昭《いわしろてるあき》——若き「教労」書記局員

（1）

「博愛て何だ」と聞けば、負けん気で手を突き上げた清吉よ、お前は今朝朝飯を食って来てゐない筈だ

一九三〇（昭和五）年、プロレタリア歌人同盟の機関紙『短歌前衛』六月号にのった黒板教史の作品です。黒板教史とは、「教労」運動の若い担い手の一人であった岩代輝昭（のち大矢姓）のペンネームです。このペンネームの正確な読みは知りませんが、岩代輝昭と同郷の友人である哲学者の林田茂雄が、生前語っていたところによれば、どうやら〈クロイタ・

キョオシ〉というようです。〈コクバン・キョオシ〉では、あまりに戯《ざ》れすぎるからでしょう。

プロレタリア歌人同盟は、プロレタリア文学運動の最盛期の一九二九年六月に結成されました。掲出の作品は、これが短歌か、と思わせる異様な姿をしています。いわゆる短歌的な姿かたちではなく、激しく時代の空気を吸っている荒らぶれたリズムを放っています。短詩といった方がよいほどです。当時のプロレタリア短歌運動は、五・七・五・七・七の定型とそのリズムを、ブルジョア的なものとしてきめつけ、そこからの離脱を目指して激しく論争をくり拡げていました。それを決定的にしたものが、岩代輝昭の「博愛て何だ」の作品発表の二カ月後の『短歌前衛』一九三〇年八月号に発表された林田茂雄の有名な論文「短歌革命と短歌性の喪失」でした。こうしてプロレタリア短歌は詩への解消を目指す、誤った方向に進んでしまいます。

ともあれ、掲出の作品は、「教壇は俺らの職場」と題した四首の中の一首です。教師としての内部に強い怒りを持った作品です。けなげな清吉への思いが、作者の胸をいっぱいにしています。

黒板教史こと、岩代輝昭は、一九〇六（明治三九）年一二月に、熊本県阿蘇郡白水村に生まれました。一九二六年熊本師範を卒業、二年ほど阿蘇郡高森小学校に勤めたのち上京、一九二九年一〇月から下谷区龍泉小学校の教師となりました。

「廻れば大門《おおもん》の見返り柳いと長けれど」と書き出された、樋口一葉の名作『たけくらべ』の舞台となったところが竜泉寺町です。

「我家貧困日ましにせまりて、今は何方より金かり出す道もなし」（一葉日記・明治二六年三月三〇日）と書きとどめている樋口一葉の生活も、貧困をきわめたものでしたが、この地帯には、貧しい人たちが多かったに違いありません。

岩代輝昭が教師として出発した時期は、日本の天皇制政府が、帝国主義的な植民地拡大を求め、太平洋戦争へとつながる、十五年戦争が始動しようとする時でした。子どもをめぐる、戦争と教育、戦争と生活の問題は、教師としての岩代輝昭にとっても避けがたい問題でした。

岩代輝昭が、「教労」に加入したのは、一九三一年六月で、満州事変のおこる三カ月前でした。機を合わせたように「教労」「新教」の全国組織の中核である東京、神奈川、埼玉などへの大弾圧があったのは岩代輝昭が「教労」に入った直後の八月五日から二五日の間でした。「教労」東京支部はすかさず、増渕穣、浦辺史を中心として、「特別対策委員会」をつくり、「教労」東京支部の再建に着手しました。しかし指導的オルグの増渕穣が逮捕されたため、活動は頓挫しますが、新人の指導部が構成され、岩代輝昭もその一人となり、東京支部の再建運動に加わり活動を始めます。

この頃の「教労」組織は、全国単一の組織として、産業別組合の統一体としての全日本労働組合全国協議会（略称「全協」）に直接加盟するという形でなく、「全協」加盟の日本一般使用人組合の一構成組合として、間接的に「全協」につながる形をとっていました。この組織形態は、組織的にも、運動の実態からも様々の矛盾を生み出し、論争されていくことになりますが、岩代たちの東京支部再建運動の頃は、「教労」は、一般使用人組合の教育労働部として位置ずけられていました。

いずれにせよ、全国的組織としての実態と活動を展開していた「教労」本部書記局は、弾圧から約四カ月後の一二月に新たに増渕穣・岩代輝昭・増田貫一・脇田英彦の四名で構成され、また「教労」東京支部書記局は、岩代輝昭・石田宇三郎・角田真平・高知尾進などによって確立され、弾圧によって破壊された組織体制を再出発させたのでした。

岩代輝昭も加わった「教労」本部書記局は、ただちに週刊機関紙『教育労働者版』を創刊し、全国的な結集をはかりました。こうした諸活動によって「教労」の下部組織は再建されていったのでした。

「東京、神奈川両支部の勢力回復をはじめ、青森・新潟・沖縄八重山・富山・兵庫・熊本などの組織拡大、山形・福島・岩手・山梨・大分などの支部の成立、なかんずく地方最大の組織である長野支部の確立、埼玉・秋田などの支部の再建など、中央、地方を通じて、教労部書記局の確立とその特殊性による地方闘争の統一的な指導は、組織の全国的な発展のために、大きな前進をもたらしたものであった。」（土屋基規「『教育労働運動小史』注と追補」・増渕穰『日本教育労働運動小史』所収・一一九頁）

こうした「教労」書記局の、弾圧に抗して展開した、組織再建のめざましい活動を思う時、わずか二五歳の岩代輝昭が、輝かしい指導者として死力を尽くしてたたかったであろう姿が想像され、胸をあつくします。

教労運動のこうした全国的展開に、治安維持法は、目的遂行罪などをかざして、ふたたび狂暴に襲いかかって来ました。再建「教労」東京支部への一九三二年八月の第二次の弾圧事件でした。岩代輝昭は、一九三二年の夏休みに、関西方面にオルグに行った帰りに、京都駅で検挙され、京都九条署に四〇日あまり留置されました。このため強制免職処分となり、ついに教壇から追放されます。この第二次「教労」東京支部への弾圧では、同じ活動家であった石田宇三郎も免職となり、相ついで四〇名が検挙されるという大がかりなものでした。教壇を追われた岩代輝昭は、増田貫一に勧められて地下活動に入っていきました。

（2）

「満州事変についても、戦争が如何に残虐なものであるか『西部戦線異状なし』などを例証として説明し、毒瓦斯、タンク、飛行機、バイキン等の発達は何れも戦争準備の為である」と説明した。そして、「戦争は何故起こるか」の問題を起して児童に考えさせ、児童間の討論の結果「戦争は列強の市場争奪によって起ること」（文部省学生部『プロレタリア教育の教材』昭和九年三月）

当局側のこの資料は、岩代輝昭の教育実践についてふれたものです。この資料は、『日本教育運動小史』（増渕穣）の補筆として書かれた土屋基規の「帝国主義戦争の開始と半帝・反戦・平和の教育」に引用されており、それからの重引です。土屋基規は、岩代輝昭の教育実践についての前掲一節をかかげながら、こうした事実を教え、戦争認識を科学的にしようとする努力を重ねていたことを評価しました。

此の教室に朝飯食えぬ子が三人もゐる。博愛てことは知っても、朝飯は食えぬぞ

ここで岩代が歌っている「博愛」という言葉は、もしかすると「教育勅語」の「恭倹《きょうけん》己レヲ持シ博愛衆ニ及ボシ」の一部を教材として、扱ったのかも知れません。百万べん「博愛衆ニ及ボシ」と言ったところで、「朝飯は食えぬぞ」と強く言い放っている岩代輝昭の語気を感じます。

此の教室で三人は、東京では三萬だ、日本中では三百萬、朝飯どころか餓死する人が世界中ではいくらもゐるぞ

朝飯の食えないのは、清吉だけではないのだ。東京中、日本中、世界中にもいるのだという岩代の認識は、もう科学的な社会認識にまっすぐに突き進んでいます。プロレタリア科学研究所の事務局にいた林田茂雄との同居生活による思想的影響をうけながら、岩代輝昭も急

速に自己変革をとげていきました。

岩代輝昭が地下活動に入った頃、増田貫一にしきり結婚を勧められました。その話は面白いものです。相手は誰かわかりません。増田貫一は、「某日某時間、この道をいけば向うから彼女がやってくる」という指示だけを出しました。指示通りのその日、その時間、向うからやってきたのは、「教労」東京支部書記の顔見知りの女性――小林恒子でした。小林恒子は二歳下で、東京女子師範を出たのち、芝区鞆絵小学校のち志村第一小学校などに勤務していました。すでに二回も検挙され、一九三三年一〇月に退職していました。「彼女はいくらか化粧してやって来た」(「増田君についての思い出」『教育運動研究』創刊号。一九七六年六月)。それが恒子夫人でした。岩代は結婚して大矢姓となりました。

岩代輝昭は、一九三四年、全協への根こそぎ弾圧で逮捕され、市ヶ谷刑務所に足かけ二年四カ月入れられていました。保釈で出たのは一九三六年二月三日の大雪の日でした。結婚はその後のことでした。

「この人達をこんな目に合わせる奴は誰だ、暮らしを奪った奴は誰だ」と言えば、すぐ

にも見つけ出しそうな子供達の瞳だ

黒板を背に、めざとく子どもたちの変化をとらえ、その将来に大きな期待をつないでいます。若き教師岩代輝昭の昴然とした歌声です。

〈追記〉

私は、大矢恒子さんと知り合ったのはいつからであったか、今は全く思い出せません。恐らく林田茂雄か、渡辺順三の線以外には考えられませんが、私の手もとに大矢恒子さんの一通の手紙と送られてきた坪野哲久の色紙が残されています。手紙の方は、一九八九年一一月八日の消印でした。大矢輝昭の没後一〇年余りになる頃です。老い先を考え、二七年間住んだ新座から日野への転居を契機に身辺整理をしたら、坪野哲久の色紙が二枚でてきたので、一枚は手許に残し、一枚はさし上げますというものでした。大矢さんが、どんな経過で坪野哲久と親しくなったかについても教えられた気がしますが、思い出せません。哲久と大矢輝昭が仲良く飲んだことがたびたびあったというような話をぼんやり覚えているていどです。

坪野哲久の色紙は、丈夫な大型封筒に、表ばりの補強をして、それに入れて送ってくれたものです。個性的な哲久の筆づかいで、しっかりかかれた歌は、ちらし書きのように書かれたなかなかいいものでした。大矢恒子さんの遺品のように大事にしています。

板びさし／今かおちむと／する雪に／入江のうしほ／みちかへりなむ（哲久）

第二部　治安維持法犠牲者とその遺族

立澤千尋の苦悩と歌の世界

（1）

私は前著の中で、長野県南部の天竜川沿いの山村小学校で、『アララギ』に属していた若い歌人たちの出会いと、「二・四事件」といわれる、「教労運動」への治安維持法による容赦のない苛酷な弾圧のことを書きました。この事件で検挙された一人に立澤千尋という青年教師がいました。『アララギ』によりながら本格的に作歌の道に励んでいました。この立澤千尋が、『新日本歌人』誌に毎号リアルな生活詠を発表している田中なつみさん（我孫子市在住）の父親です。

前著の中で、「二・四事件」の若い教師たちから敬愛されていたやはり『アララギ』派の天折の女性歌人金田千鶴《かなだちず》のことを書いてきました。地主の豊かな家に生まれ、教師ではありませんでしたが、地元の女学校を卒業後、東京に出て帝国女子専門学校に入学しますが、二年後に肺結核となり、同校を退学、以降、作歌と療養生活に入りました。「二・四事件」の翌年一九三四年八月に、三三歳で短かい生涯を閉じました。
「二・四事件」の前年三月頃、やはり『アララギ』の会員であった諏訪の女教師吉井もりは、作歌を通じ、病床歌人金田千鶴に憧憬し、千鶴が療養する下伊那郡泰阜《やすおか》村をはじめて訪れ、千鶴を見舞ったのでした。千鶴は、女教師吉井もりを深く信頼し、死の直前に見舞った吉井もりに、ノートや日記などを託します。この吉井もりが、のちに立澤千尋と結婚した、田中なつみさんの母親となった立澤もりでした。

金田千鶴と吉井もりについては、新日本歌人協会の小泉修一氏が、次の三つの力作評論を書いています。
（1）「『夏蚕時』について――『アララギ』の歌人・金田千鶴の小説」（『新日本歌人』二〇〇七年一〇月号）
（2）「冬に燃ゆ―『アララギ』歌人・金田千鶴と青年教員たち―」（『新日本歌人』二〇〇八年七月号）

（3）「二四事件」の絆─今村治郎・波子の歌─」（『新日本歌人』二〇〇九年五月号）
以上いずれも小泉修一著『歌文集・風と杖と』所収（二〇一三年九月二〇日・光陽出版社）
また、立澤もりについては
（4）「うたの絆──立澤もり歌集『竹煮草』について」（『新日本歌人』二〇一四年一〇月号）
本篇については、『歌文集・旗持ちの歌』所収（二〇一九年一月一五日・光陽出版社）

これから書く私の文章は、共通意識に立つ小泉修一氏の著書も十分参考にしながら、なるべく重ならないようにして、書いていきたいと考えています。

（2）

詳細をきわめる岡野正編『一九三〇年代教員運動関係者名簿』（改訂版）では、立澤千尋については次の一行の記述しかありません。

東筑摩郡筑摩地村、二七年長野師範一部卒、上伊那郡中箕輪小、三三年二月一九日検挙。

『抵抗の歴史―戦時下長野県における教育労働者の闘い―』（二・四事件記録刊行委員会編・一九六九年一〇月一〇日。労働旬報社）には、警察・検察当局の取り調べをもとにした資料が収録されており、ここに立澤千尋についての関係事項が何カ所かに出ています。

一つは「昭和八年四月四日現在」とした「思想事犯検挙教員名簿」の中にあるものです。そこには、学歴、資格、俸給、本籍地、年齢、検束月日、釈放月目、被疑事実。行政処分、起訴有無などが整理されており、立澤千尋についての情報を拾うと、検挙時二七歳で、二月一九日に検挙、翌二〇日に釈放されています。月給は五五円、被疑事実のところには「教労メンバー候補」としており、行政処分は「休職」と記載されています。言うまでもなくこの資料は当局の「部内秘密文書」で「官憲側の一方的記録としての限界をまぬがれない」（前掲書一六頁）性格を持ったものです。「教労メンバー候補」の記載などはその一例で、推定の域を出ないものです。

二つ目は、同じような表で「教労」「新教」の関係を中心とした「思想事件教員名簿」というもので、ここには検挙以降のことがまとめられています。前述の名簿の「被疑事実」と以下がもう一度一欄表にされ、これに「思想状況」「転向状況」「教員タルノ素質」「将来ノ志望」「生活状態」などが加わっています。立澤千尋について、この表で注目されることは、

「被疑事実」のところに「M影」とあり、また「加盟（関係）状況」欄に「七、二、中」とあることです。「M影」とは警察当局の使った符号で「M」は「教労」、「影」は「影響下」という意味のようです。立澤千尋は教労に入っていませんので「七、二、中」は昭和七年二月中旬頃、読書会かなにかに顔を出したことでも示すものか、はっきりはわかりません。

三つ目は、「上伊那地区ノ文化サークル」ということで、学校単位の動きを調べた資料です。中箕輪小学校では哲学研究会と読合会があり、会場は前者は学校で、テキストは西田幾太郎の『新理想主義ノ哲学』『日本文化史』、後者はマル秘でメンバーの下宿で『反デューリング論』を使ったとしています。出席者は前者は七人とその他有志、後者は七人。この二つの会に共通して出ている者が、立澤千尋、清水、山田、三浦の四人です。この二つの集まりの日時は書いてないのでわかりませんが、もしかしたら前述の「七、二、中」は、このどちらかの集まりの日だったかもしれません。

「二・四事件」で、立澤千尋の勤務校上伊那郡の中箕輪小学校では七人が検挙されました。二月四日に中箕輪小学校の第一次として清水宗雄、山田清史の二人が、そして二週間後の二月一九日に第二次として、立澤千尋、北原鐵吉、橋詰義衛、三浦袈裟次、中城正の五人の計七人です。立澤千尋はわずか一日で、翌日二〇日には立澤、北原、中城、山田らの四人とともに釈放、ついで二日おいた二二日には第二次の三浦・橋詰が釈放され、結局中箕輪校では、七名中、五名が最短の拘留日数で釈放されました。この程度では逮捕するほどでもなかったと思われます。リーダーと見られた清水宗雄のみが起訴され、判決で懲役二年六ヵ月、執行猶予四年となりました。

やや細かなことを書いてきましたが立澤千尋の逮捕をめぐっては、のちにふれたいと思いますが、治安維持法にからむ権力のかくされた狙いを考える上で重要だと考えたからです。

(3)

治安維持法は一九二五年(大正一四年)に制定されましたが、改定を重ねながら、戦前の日本における社会運動や、思想・言論の自由を徹底的に弾圧した悪法でした。

「三・一五」事件の年(一九二八年)の六月に治安維持法は緊急勅令による大改悪がおこなわれ、〈目的遂行罪〉という新しい規定を盛り込み、〈国体ノ変革〉(天皇制の否認)に関する罰則の最高刑一〇年を一挙に死刑までとしました。〈目的遂行罪〉とは、本人が「国体ノ変革」を考えようと考えまいと、その行為が「国体ノ変革」を目指す運動の手助けになると、当局が勝手に判断すれば〈目的遂行罪〉で処罰の対象となる、というものです。この論理で言えば、ごく普通の市民であってもいくらでも検挙できるということになります。たとえば、共産党と全く関係のない人が、反戦ビラを配っていたとすれば、それは共産党の主張を手助けしているという「理由」で治安維持法の「目的遂行罪」で捕えられる、といった具合です。「目的遂行罪」には「未遂罪」がついていますから、実行しなくとも、話し合っていた、考えていた、というだけで捕らえられるというように、拡大解釈されていくわけです。

普通の教師にすぎなかった立澤千尋が、どう考えても共産党に無関係で、何もしていない自分が検挙されたことに、深刻な悩みを持ったことは、検察・特高による治安維持法〈目的遂行罪〉の拡大解釈の渦の中に投げ込まれたことによって生まれたものでした。

立澤千尋の第一歌集『森の音』の昭和八年の項に、「二・四事件」にかかわる、次の六首が収めてあります。

五年前病み細りゐし畳にぞ夜さりくればひとり眠るも（「二・四事件連座」）
庭に焚く朽葉の匂ふ室に居り嘆きて長き一日もくれし
うなだれて歩める吾に言ひかくる暗き家陰に母ぞ待ちゐし

夕ぐるる道に雪深し咳入りて歩めぬ母と吾も佇ちたる
眼鏡はづし見給ふとする父上に帽子握りて吾は座りぬ
破れし襖へだてて泣きをりし妹も眠れざらむ凍みて更くるに

一首目の「五年前」ということは、作者が師範学校を卒業し、教師となった二〇歳の年に、短期現役兵として軍隊に入ったものの肋膜炎となったため、疾病除隊となり、休職して自宅療養した時代をさします。

『森の音』と『森の音　補遺』

これら六首の、「二・四事件連座」の連作は、リズムに一種の悲痛さが流れてはいますが、事件についての作者の心の底はのぞかせてはおりません。

しかし、歌集『森の音　補遺』（千尋七回忌に、妻立澤もりが編集刊行したもの）につけられた事件翌月から一六日分を収めた「二・四事件日記抄」を読むと、そこには、なまなましい苦悩の表現が見られます。

「道を卒業式のうたひ行く童あり、思はざらむとすれど、幻の如く子等の顔浮かび来るはすべなし。本読めば本より、庭を見れば庭より、起ちても折々は子らのすがた思はるるは、吾が心の弱き故なるや、眼つむれば、まぶたの中に子等の顔あり、耳をすませば、外に先生と呼ぶ声きこゆ、縁ありて師と言ひ教え子と言ふ。かくも悲しき別れせしも、みな己の不徳なれば誰せむるにあらねど、只童子ら偲ぶなり……。」(三月一四日)

「教育の道から離れようなど、瞬時も思ったことはなかった。日一日と伸びてゆく児童を見守りながら、教師としての幸福に浸りつつ、将来の彼方の生長《ママ》を祈らずには居られなかった。その自分が突然児童から離れねばならなかった。児童から離れることは教職を退くことであった。何時一片だにかかることを思ふたことがあったか。同じ自分は赤化分子として、罪人として、職から離れたのであった。過去の精進のすべてを失い且つ前途さへも望み得られぬ人生の深淵に突き落とされたのであった。」(三月二三日)

「自分に国家を否定し、現在の教育を否定する様な極悪の思想があったであろうか。自分は彼らが、国体と相容れない教育思想を持ってゐると知ったなら、どうしてそんな仲間に入ろう。彼らは己にはそんなグループの陰謀をいささかも話さなかった。勉強しろといはれて本を見た自分の軽率を悔む。」(三月二四日)

このあたりを読むと、警察の取り調べが、何と言って立澤千尋をおどしていたのかが、うかがえます。「知らなくとも罪なんだ。なぜならば〈国体変革〉の運動を手助けしたことになるのだ」と、まさに〈目的遂行罪〉の拡大解釈をおしつけている場面が、ありありと浮かんでくる思いがするからです。

この釈放直後の日記を読むと、立澤千尋が不条理な逮捕と、釈放後の休職処分について、苦悩する姿が浮かび上がってきます。その後の「日記抄」においても、教師を天職とまで考え、子どもと結びついた生活に、教師のすべての生き甲斐をかけてきたのに、「事件」に巻き込まれたのはなぜか？　立澤千尋の思索は、自分の罪の意識に向かっていきます。そこに自分の生きる上の弱さを見つけ、そこから、自分の新しい生きる方向をつかもうとしているのがうかがえます。「一日でも一時でも早く復職したい。働きたい。罪を償いたい」（三月二八日）という言葉には、その思いがよくあらわれています。

奥平康弘著『治安維持法小史』（岩波現代文庫・二〇〇六年一月一六日）の「二・四事件」にふれたところで、警察・特高の方策にそった長野県学事部長の次のような方針を引用しています。

「休職処分を受けた者は、視学による個人別面接調査できびしい査問をうけた。」（一五〇

頁）

「復職可能性のある休職者（立澤千尋はこれに該当――引用者）に対しては「七項目ノ詳細ナル告白文ヲ提出セシメ郷里ニ宅控ヘヲ命ジテ日記感想文ノ記述ヲナサシメ毎月一回以上所属校長ヲ訪問シソノ検閲ヲ受ケシムルコト」とした」（一五〇頁）

立澤千尋も例外ではなかったはずです。釈放後の自宅謹慎とは、父母の監督責任のもとに生活し、前述のような休職中の諸条件を満たさねばなりませんでした。所属校長は大きな責任を負わされたことになります。立澤千尋の所属小学校長松澤平一は、青年教師立澤千尋に特別目をかけ、「二・四事件」以前からいろいろと親身の指導や助言をしてきたものと思われます。『森の音　補遺』の戦後の部分に松沢校長についての回想歌が次のように生涯にわたっていくつも歌われているからです。

警察の門のくらがりに低く強く叱りし松澤平一先生も亡し（昭和三三年）
指紋掌紋とられ放たれし暗がりに待ち下されし松澤平一先生（昭和三三年）
幾たびかつまづきしを支へて下されし亡き先生を心に呼ばふ（昭和四一年）
二・四事件の悲しみ昨日の如くにて責負はれし平一先生も亡し（昭和四四年）

松澤平一が校長だった中箕輪小学校からは、「二・四事件」に七名の教師が検挙されたことは、すでに述べました。この数字は、県下の小学校でも多い方でしたから、県学事部も注目し、事件二〇日後に、検束教員釈放後の学校長の対応の先頭に中箕輪小学校の名をあげている（『抵抗の歴史』二二六頁）ほどですから、校長としての松澤平一も緊張して県の指示に対応したと想像されます。

県はこの文書の中で、「釈放ノ休職教員ニ対シテハ貴職ニ於テ其ノ行動及感想ノ日記ヲ検閲ノ上監督訓戒ヲ加ヘラレ度此段及通牒候也」と言っています（前掲書二二六頁）。この「通牒」は言うまでもなく、前述の『治安維持法小史』の趣旨と重なるものです。

松澤平一は、立澤千尋の保釈・休職中も、復職への道に向かって進むことについて、激励し助言もしていたと、私には想像されます。

立澤千尋が松澤平一校長を信頼し、支えともしていたことが、短歌からも想像されることですが、「日記抄」四月四日の項に次の記述があります。

「竹澤さんよりたよりあり、松澤先生の退職三十一日午後八時半決定せし旨書かれあり、茫然としてなすなし。

前途全く暗然となりし心地す。」（傍線・引用者）

「二・四事件」で検挙された教員の多かった学校の校長は、責任を感じて退職届を県当局に提出しており、その扱いをめぐる県の最終決定が、学年最終日におこなわれたのでした。五名の校長が諭旨退職、松澤校長を含め八名は、普通の依願退職を認めるというものでした。松澤校長の退職が、立澤千尋にとって、茫然自失、前途に希望を失うほどの打撃だったのは、自分を信頼し、励ましてくれた人間的な松澤平一校長にかわり、四月からの後任校長が全く未知数の人で、とりわけ最大の願望である教壇復帰について、冷淡であったとしたら——といった不安と動揺に襲われたのだろうと思います。私には、「日記抄」の四月以降の日記のトーンの変化が気になります。

「歪曲して物を見る性格——偏屈な性格を清算して、小さくとも円満な人間性を希求する」（四月八日）

「終日、誘惑されしころの自分の生活が悔まれてならない。「新しい」と言ふこと、只そのことに自分は引き込まれて行ったのであって、小天地に跼蹐《きょくせき》してゐると思ふそのことがやっぱり彼等に乗ぜられた最大の原因であった。自分に対する正しい自覚、国民教育者としての動かない信念が薄かったばかりに、軽はくな言説に迎合せねばならなかった。」（四月九日）」

「笑へぬ人間、物言わぬ人間になりはててしまった。」（五月二日）

「なまじ勉強せむなどと思ひて側道《わき》にそれて行った。」（右同）

「五月ころから自分の心には百姓をみっしり出来ない様な精神では到底救はれた所で立派な教師になり得ないといふ考へが起きて来てゐた。

……人間として国民として眞に正しくなることこそ吾が全力をあげて希望すべきであった。」（六月一七日）

（4）

治安維持法の〈目的遂行罪〉で逮捕され、その罪が全く軽微で翌日釈放されたにもかかわらず、検察・特高の狙いがどんなものであったかが、この一七日間の「二・四事件日記抄」だけでも、ありありとします。まず、検挙されたこと事態、一つの社会的制裁であり見せしめでした。〈日記抄〉の中で、「村会議員選挙の日、役場まで行く。逢う人みな己を白眼視してゐるごとき感じして悲しくてならず」（四月二一日）の一節は、その具体的な一つのあらわれでした。それは当然「アカ」は「危険思想」であり、「国賊」というフレーム・アップへとつなげていく治安維持法の思想上の狙いどころでした。

もう一つ「日記抄」の範囲で見逃せない問題は、立澤千尋の自己検討の苦悩と思索が、検挙されるまでの自分の人間形成の過程、人格が全面否定の状況に追い込まれていることです。その上で「国民教育者」として、「人間として国民として真に正しくなること」こそ、新しく生きる道と、とらえるところに出ていく、深刻な矛盾の出口でした。

客観的に考えれば、「真の敵」が、己れの姿をかくし、罪なき市民を〈目的遂行罪〉でとらえ、仮りに釈放したにとしても、監視と監督の体制のアミの中で、当事者自身によって、自らの内部に「敵」をさがし出させてゆくこと――つまり「二・四事件」後急速な社会現象となる「転向」の非人間的な一手法であったと思います。

（5）

松澤平一は、校長退職後も、特別に立澤千尋への激励や、教壇復帰についても協力や助言を惜しまなかったであろうことは、前にも述べてきました。それゆえにこそ、立澤千尋は、生涯にわたる作歌活動の中で、繰返し、松澤平一の面影を追ったのに違いありません。

立澤千尋は、「二・四事件」の翌年四月に、西筑摩郡王瀧村小学校に念願の復職をしました。次は「木曽王瀧村復職」とした『補遺』の中の二首です。


落葉松のやはき芽吹きを窓ごしに見れば安まり話つづくる

灌木のしるく芽吹ける岩山の岩にしぶきて小瀧かかれり

また、一九三七年、三年に及んだ王瀧村を去る時に

なぐさまず過ぎし日月は悔まねどけふ川の瀬を見つつ寂しき

と王瀧川を歌っています。

これらの歌には、あの「二・四事件日記抄」にあらわれた、身を焼くような教壇復帰の念

願――子どもたちのいる学校に戻れたというのに、その歓喜は表現されておりません。歌は落ち着いており、哀愁感さえ滲ませています

話が変わりますが、この時点から一〇年ほど前というと、立澤千尋は師範在学中でした。斎藤茂吉が外遊から帰った直後の一九二五（大正一四）年五月下旬頃、島木赤彦と二人で、王瀧川のほとりを奥木曽の方に向けて吟行したことがあります。茂吉の第六歌集『ともしび』の中に、王瀧川を詠んだ次の一首と、赤彦の「五月三十一日木曽王瀧川上流に入る」とした一首をみつけました。

旅を来て王瀧川のさざれには馬の遊ぶをわが見つつをり（茂吉）

夏にして御嶽《おんたけ》山に残りたる雪の白斑《しらふ》は照りにけるかな（赤彦）

立澤千尋のアララギ入会は、年譜によると赤彦・茂吉の木曽吟行の三年後ですから、記憶に新しかったのではと思われます。王瀧村復職はその意味では、アララギ派歌人の立澤千尋にとって、奇縁と言えるものかも知れません。そう考えると、前掲の「落葉松の」と歌い出した一首の下句「見れば安まり話つづくる」の「話」が、郷土の教育者であったアララギ派

の島木赤彦や、近代短歌の重鎮としての斎藤茂吉の話もからまってはいなかったか、などと空想すると、にわかにこの地味な写生歌がにぎやかになる感じです。

立澤千尋は生涯にわたって「二・四事件」を自分の魂に刻印し続けたことは、二冊の歌集『森の音』とその『補遺』を読めば明らかです。以下主要な作品を両歌集から拾ってみます。すでに引用した松澤平一校長への追慕の歌は重複をさけ引用を略します。

①昭和八年二月二十日朝検挙されし家跡に佇つ泉の湧ける傍ら（昭和二五年）
②満洲にあこがれ果てし少年にわが教えたる三人まじれり（昭和五三年）
③留置場にて目くばせ交しし日のことを思い涙ぐむその友も亡く（前同）
④二・四事件五十周年の記事あわれ連座して苦しみし事も遥けく（『補遺』昭和五八年）
⑤けふまでの長き鼓動と手を胸に思ひゐる父のこと母のこと（前同）
⑥共に学びしも早五十年戦争に奪われし君ら語ることなく（前同）
⑦終戦の日を思へと鳴らすサイレンの音よくぞ生きこし七十七年（昭和五九年八月一五日）
⑧森の音原稿漸くまとまりて安くとも安しけふの朝あけ（『森の音』の最終歌）
⑨ただしろく暑くくれし六階の病室の空はてしなき思ひ（『補遺』の最終歌）

②の作品は、次の「内原訓練所三首」（昭和一六年）という『森の音』の中の作品に関係すると思います。

仄暗き外燈の下に少年らと信濃のことを語る暫し許されて
兵舎のかげ農場の方より早駆にて見送りの部隊来りて並ぶ
松原にいま朝の日ののぼり来る光をあびて君ら立ちゆく

立澤千尋が復職後の社会、とりわけ「二・四事件」後の長野県の教育界に吹き荒れたのは、子どもたちを「満蒙開拓青少年義勇軍」として送り出す運動の先頭に立つことでした。これは政府の政策として、全国の府県・学校に割り当てがおしつけられました。青少年義勇軍は、茨城の内原訓練所で二ヵ月の訓練ののち開拓団に配備されたのでした。立澤千尋は恐らく県の指示で、内原訓練所に出向き、長野県出身の子どもたちを励ましたものと思われます。この「信濃の少年たち」の中に、自分が説得して送り出した少年たちも、いたかもしれません。その少年たちの中の三人が、ついに帰らなかったという歌が②です。さきに「二・四事件日記抄」の中で、これまでの自己の全面否定としてつかんだ（つかまされた）新しい「道」や

「精神」とは、結局、客観的に見れば加害者の道であったと言えます。それは「二・四事件」での苦悩とは異質のものでした。

　戦後高知の教師　竹下源治が、

逝きて還らぬ教え子よ
私の手は血まみれだ！
君を縊るその綱の
端を私も持っていた
しかも人の子の師の名において
嗚呼！

と慟哭した、その思いともかさなるものだったと思います。

　④の作品での「あはれ」とは、運動に関係のない、ただの普通の人間が検挙されたということを、単純に表現したのではないと思います。教師となって誠実に

最晩年の立澤千尋（76歳・1983年。翌1984年8月死去）

教育活動をしてきた、その全過程を——自己の存在、人格（それは人間の尊厳も）——全否定しなければ、復職への道は開かれないという事態に逢着して苦悩したことへの、年経て、ふり返った自己へのいとしみのように私には思えます。

⑤の作品は、作者の稀有な体験を内容としたものです。作者の母親は、一九五〇（昭和二五）年一二月に五九歳で亡くなりますが、その翌日に父親が八二歳で亡くなったのです。その衝撃は消ゆることのない「長き鼓動」として、現に今もあるのだ、と歌ったものです。翌月に作者は上伊那郡の高遠小学校に転任となりますが、「新しき父母の位牌を妻は負ひ吹雪流るる狭間をのぼる」の一首も含め、二九首の挽歌群は、歌集『森の音』の中では、一つの高い峰となっています。

一九三三年の長野県「二・四事件」は、立澤千尋の生涯にわたって意識されており、そのカゲを引いていた、と私は思います。狂気の絶対的な天皇制下の軍事的ファシズムは、治安維持法もろとも、敗戦によって崩壊しました。しかし立澤千尋の内部では、死の際まで「二・四事件」はカゲを引いていたと私は感じます。それは、時が経てば消失する幼児の蒙古斑のようなものではなく、たとえばその傷跡は、角を矯めながらにしても、トラウマとして、生涯にわたって残ったことを深く思います。

(6)

「二・四事件」の問題と少しはなれて『アララギ』派の歌人立澤千尋の短歌について、考えてみたいと思います。立澤千尋には二冊の歌集があります。一冊は、生前に自選した一二五七首を収めた『森の音』(一九八四年一二月三一日刊)です。もう一冊は、前述しましたが、千尋の没後、七回忌を記念して、妻の立澤もりが、夫が『森の音』で落ちこぼした作品九三五首を、哀惜を込めて集め、『森の音　補遺』(一九九〇年八月八日)としたものです(以下『補遺』と略)。妻もりが、『森の音　補遺』の中に、「二・四事件」直後の夫の苦悩を記す「日記抄」を編み込んだのは、もりの夫への愛情の深さと、もり自身の「二・四事件」への強い批判を込めたものでした。

両歌集の作品の時代は大正後期から昭和後期まで、六〇年間にわたっています。六〇年間といえば、数冊の歌集があってもおかしくはない歌歴と言えそうですから、立澤千尋が歌集原稿をつくるのに相当苦労したろうと想像されます。その一つの具体的な例として、立澤千尋が、生涯の師と敬愛した『アララギ』派歌人土田耕平を追悼して、『アララギ』編集部(編集責任者土屋文明）が発行した「土田耕平追悼号」（三四巻・第五号・昭和一六年五月一日）には、土屋文明選による立澤千尋の次の歌三首がありますが、三首とも、それほど悪くはないのに、歌集には含まれていない、といったような厳選ぶりです。

わが対《むか》ふ窓にま近きヒマラヤ杉の枝をたわめて雪降り積る
櫟の葉吹きならす風に子はおびえ日暮れて寒き土手を帰りぬ
白水仙の根を分けゆかむと妻の言ふこの借家に過ぎし二年

立澤千尋の二冊の歌集を読み通してまず感じたことは、その作品の声調（声のひびき）にこもる、人生の哀感——寂寥感とでもいったものでした。それは、歌う素材や対象が変化しても、時に時代の激動を負いながらも、作品にこもる作者の本質としての声の気配——トーンは大きな変化を起こしていない、という実感でした。

①父が一生《ひとよ》かけし山の田売りにきと声おとし言ふ母にうなづく（昭和七）
②帰り来て座る厨の榾《ほだ》の火や乏しき銭を母に手握《た》らす（昭和一〇）
③子供らが白飯をいたくよろこびて食ぶるを見れば涙ぐましき（昭和二〇）

④雨戸なき部屋は夜の凍み堪え難く布団かづけば涙わきくる（昭和二四）
⑤新しき父母の位牌を妻は負ひ吹雪流るる狭間をのぼる（昭和二六）
⑥思いゐしさながらの丘秋風は過ぎにし人の嘆きつたふる（昭和五八泰阜村）

①と②の間には、「二・四事件」があります。③と④の間には敗戦がおかれ、また⑤と⑥との間には、戦後三〇年の時が流れています。しかし、私がさきに述べた寂寥感は、本質的に影をひそめてはいないのです。この寂寥感は、何に起因しているだろうか、と思わざるを得ませんでした。

一年ぶりにアララギを手にし湧く涙一すじの道に立たむ苦しさ（『森の音』昭和三〇）
月に一度の小さき歌会欠かすなくこよひ二百回に集う九人（『補遺』昭和五八）
うたがわず歌一すじにすがり生きし夫を仕合わせと思ふこの頃（立澤もり歌集『竹煮草』昭和五九）

こうした作品を読み合せると、立澤千尋は生涯『アララギ』により、歌をつくることを生きる支えとしてきたことは明らかです。問題は、その『アララギ』で、どんな作歌理念や境

立澤千尋「二つの手紙」収録の
『信濃教育』土田耕平特集

地を目指していたかということです。

立澤千尋が生涯の師として敬慕したのは、島木赤彦の愛弟子であった土田耕平であったことは前述しました。その土田耕平のどんな作風に傾倒したかは、『信濃教育』第一〇六八号「特集土田耕平の人と業績」（一九七五・一一・一）に寄せた立澤千尋の「二つの手紙」の文章の中で土田耕平第一歌集『青杉』への若き日の感動を回想している次の一節からもわかります。

「『青杉』の歌は全く魅せられてしまった。おそらくみな暗記するほど耽読した。あの清澄で哀切極まりない調べが側々と身にしみるようで、非常な感動の中でくり返し読んだ。今そのころの自分の歌を見ると、どこと言うことなく耕平先生の影響が感ぜられて、どうにもならない恥ずかしい気持になる。」（一〇四頁）

『青杉』は、当時、評判になった歌集です。それは、「目をとぢて暫くむなし天つ日はわが額《ぬか》のへに沁みわたるなり」「帰り来てひとりし悲し灯のもとに着物をとけば砂こぼれけり」

といった、病気のため伊豆大島に孤独な療養生活をしていた二〇歳台はじめ頃の作品を収めたものです。土田耕平の追求した短歌の世界には、その師島木赤彦が晩年に目指したところの寂寥感が揺曳《ようえい》していることを否定することはできないと思います。

『アララギ』の「土田耕平追悼特輯」（昭和一六年五月号）で、斎藤茂吉が「土田耕平君」と題した文章の中で、

「土田君の歌境は、澄み透ることを目ざし、清蘊寂寞《せいうんじゃくまく》を目ざした」

「土田君には奥に自我確立といふ強いところがあって必ずしも師の赤彦君と歩趨《ほすう》を共にしない点もあった」（二三二頁〜二三三頁）

と言っているのは、さすがに本質をついています。

正岡子規の唱導した客観写生説は、『アララギ』派の隆盛とともに発展し、斎藤茂吉の「自然・自己一元の生《しょう》を写《うつ》す」有名な「短歌写生説」のテーゼとなり、『アララギ』の指導理念となっていきました。島木赤彦は、自然を深く、徹底的に写生するという点では、その方向性を茂吉と共有しながら、赤彦はその写生を深める道を、「東洋的鍛錬道」と強調しつつ、その道の窮極にあるものを寂寥感・寂寥相として、追求したのでした。土田耕平は茂吉の

言ったように、赤彦的寂寥の世界で、さらに自らの歌境を「澄み透ることを目ざした」のだと思います。

立澤千尋が作歌における立ち位置は、師の土田耕平の志した方向を目指したことは明らかです。そうだとすれば、立澤千尋の二冊の歌集に、赤彦的な寂寥感が薄い皮膜のようにおおっていると感ずるのも、ひどい見当違いということではないように思います。寂寥感について、赤彦研究家の北住敏夫は、『近代の歌人I』（日本歌人講座六・弘文堂・一九六九年二月二八日）所収の評論「島木赤彦」の中で、次のように赤彦の言葉を引いていますので、参考までに重引させてもらいます。

「(『万葉集』は) 人間の種々相を、具現して居りますが、究極に至りますれば、総ての芸術の最後に到達すべき人生の幽かに遠く……音もしないやうな寂しい世界がある。それが一面からは厳粛感、一面からは寂寥感であります。」（「万葉集の素読」（講演）大正一二年）

私は、立澤千尋（妻の立澤もりについても）には、島木赤彦の影響が、意外に大きかったのではないかと想像しています。それは、次のような歌に出会ってから、より強くなってきました。

返されしみ心思ひけふ手に取る赤彦全集の古りし八冊（五味保義先生六首）（『補遺』昭和五八）

鉛筆の書入ありメモの印あり二十三年みそばにありし八冊（前同）

また、立澤もり歌集『竹煮草』の中に次の一首があります。

いのちの如く思ひてわが読みし赤彦全集を東京に送る（五味保義先生）（昭和二三）

五味保義は、下諏訪出身の『アララギ』派の歌人で、郷里で赤彦から歌の手ほどきを受けました。のち、『万葉集』研究者ともなった人です。『森の音』にも、『竹煮草』にも、五味保義に寄せた歌がかなりあり、親しい関係にあったことを示しています。

それにしても、立澤もりが「いのちの如く」思っていた大事な『赤彦全集』を五味保義に貸し出し、二三年後にやっと返されたという話は驚きです。

立澤もりが「いのちの如く」と『赤彦全集』について深い思い入れを歌っている背景として、私は二つのことを指摘したいと思います。一つは、吉井もりが松本女子師範を卒業してはじめて教壇に立ったのは一九歳の一九二九（昭和四）年の四月、下伊那の大島小学校でした。「丁度赤彦全集の出版された時でしたので、歌も文章も書簡まで読みました。」（『竹煮草』「あとがき」）というわけでした。島木赤彦との出会いは立澤もりにとって、きわめて早い時代からであったと言えます。もう一つは、立澤もりの最後の勤務校が諏訪の玉川小学校で、二四歳のもりは、二年後に退職し、立澤千尋と結婚することになります。この玉川小学校には、かつて島木赤彦がおり、土田耕平も代用教員としておりました。二人はすでに亡くなっていましたが、『アララギ』の会員であった立澤もりにとって最後の勤務校の歴史の中に、短歌の上での二人の師の名を見出したことは、恐らく忘れ難いことであったろうと思います。

こうしたことを考え合わせると、『赤彦全集』は立澤もりが購入したものと考えて間違いなさそうです。

おそらく立澤千尋も、土田耕平を学ぶためにも、また、教育問題や、子どもたちへの読み聞かせなどをする教材としても、赤彦童話などを学んでいったのではないかと考えます。こうしたことを考え合わせると、立澤もりも立澤千尋も、ともに『島木赤彦全集』を熟読したであろうと、ごく自然に思われてきます。

握飯もちてことしも赤彦先生忌歌会にふたり出づるを得たり（『森の音　補遺』昭和五九）

この一首は、二人の間にあった島木赤彦への傾倒と影響をしのばせるものです。私は、立澤千尋の二冊の歌集に、土田耕平の濃い影を感ずると同時に、その深いところに、近代短歌のすぐれた歌人島木赤彦が立ちあらわれてくるように思われてなりませんでした。

人が人たろうとして歩んできた、その人間形成の努力も到達点も、すべて足蹴《あしげ》にし、人間の尊厳を蹂躙《じゅうりん》した治安維持法――、そのもとでの「二・四事件連座」は、立澤千尋の生涯に大きな傷痕をトラウマとして残したことについては、すでに述べてきました。

立澤千尋は、このトラウマを抱えながら、「歌一すじにすがり生き」つつ、人生の自分だけが負うべき寂寥にも耐えながら、その師土田耕平のように、自らの歌境の「澄み透ること」を目指し、そのトラウマも乗り越えようとしたのではなかったかと私は考えます。

それは、戦後の立澤千尋の深い内面における、言ってみれば治安維持法に対するたたかいではなかったか、ということを、目下の私の仮説的結論として考えていることです。

吉井もりと金田千鶴の絆

(1)

立澤もりが、まだ吉井もりの時代、金田千鶴とどう交流関係を持ったかを中心に書きたいと思います。

金田千鶴については、拙著『一九三〇年代の「教労運動」とその歌人たち―長野県「二・四事件」のひびき―』の中で、一応ふれてきましたので、ここでは、吉井もりを軸として述べたいと思います。

若い純粋な歌人教師としての吉井もりは、短歌雑誌『アララギ』を通じ金田千鶴を敬慕していました。手紙などを交わし合った後、はじめて吉井もりが、病気療養中の金田千鶴を見舞ったのは、一九三二（昭和七）年三月二七日でした。一泊二日の旅でした。吉井もり二一歳、千鶴三一歳の時です。この第一回目の訪問について新書版『悲恋の歌人　金田千鶴の生涯』（佐々木茂著・金田千鶴研究会・飯田下伊那歌人連盟刊。二〇〇一・一一・二三）の「年譜」は次のように書いています。

「この邂逅が後年千鶴の日記・文学ノート・書簡などの秘匿保管に繋がり、千鶴の業績の全貌を伝える全集出版の機縁となる。」（一七六頁）

このはじめての出会いは、もりの歌集『竹煮草』（一九九一年九月一日刊）の昭和七年の項に「訪金田千鶴様」として、次の四首を歌いとどめています。

山間の水漬ける小田は水口に湧き出でし渋の色のひろがる
夜となりて胸苦しさを言ふ君を一人残して母屋にとまる
坂道を上りつくして見かえればいまだも君の戸によりて立つ
丘の上の一群笹に入日さし一人置き来し君をおもふも

左・千尋〈森の音を一生ききしと思ひし時故知らにわが心なぎたり〉
右・もり〈竹煮草花散りそめし草野には細ぼそとして夏虫の声〉
(『「２・４事件」学習会 in 上伊那記録集』2010 年 5 月 25 日より)

まだ稚い歌いぶりながら、はじめての出会いの感動をよみとどめています。

手紙のやりとりを重ねながら、千鶴が感冒などを病んで衰弱しているという知らせで、一九三四（昭和九）年六月に、吉井もりは学校の田植え休みに急ぎ泰阜村に千鶴を見舞い二泊します。歌集『竹煮草』ではこの二回目の確かな月日は確認できませんが、この年の作品の中に、「再び三度金田千鶴様を訪ふ」という表題で九首があり、そのあとに「別れ」の一一首が続きます。表題の「再び三度」の「再び」（二回目訪問）の時の作品が九首であり、「別れ」が三回目の訪問（八月六日）でした。前記「年譜」によれば次のとおりでした。

「八月六日もり再度（これは三度とすべき・引用者）来訪、既に身辺整理してあり、文学ノート・日記の外、岡麓・結城哀草果らの書簡を託される。」

年表では、吉井もりが泊まったかどうかは明らかではありませんが、歌集『続・竹煮草』（三浦みを編・一九九七年一〇月一六日）所収の「金田千鶴さんのこと」によると「八月には二夜泊まっている」と書いていますから、八月八日に帰ったことになります。吉井もりは、泰阜村からの帰途、前記「金田千鶴さんのこと」の中で「私は八月八日に諏訪泉野の生家に帰り」とありますから、重篤の金田千鶴の枕辺に二泊三日居たことは、確かです。

以上の三回にわたる吉井もりの金田千鶴訪問を整理すれば次のとおりです。

第一回　一九三二（昭和七）年三月二七日～二八日（一泊二日）。『竹煮草』「訪金田千鶴様」四首。

第二回　一九三四（昭和九）年六月（二泊）（日にち不明）『竹煮草』「再び三度」六首。

第三回　一九三四（昭和九）年八月六日～八日（二泊三日）『竹煮草』「別れ」一一首。

三回にわたる金田千鶴訪問の歌の中から、各二首ずつをあげてみます。

夜となりて胸苦しさを言ふ君を一人残して母屋にとまる（一回目）
坂道を上りつくして見かへればいまだも君の戸によりて立つ（前同）
君が病む窓べぞ見ゆれはるばると来りて坂の上にいでつつ（二回目）

胸の上に組みて居給ふみ手の瘦せかなしきまでにおとろへにけり（前同）
この吾を待ち給ふとぞ気を張りて居たまいしかも声立てぬまで（三回目）
再びを相逢はむとはかりそめの口にも言はず別れ来にけり（前同）

金田千鶴が三三歳で息を引き取ったのは、吉井もりが二泊三日して帰ってから九日後のことでした。吉井もりの挽歌二首、「別れ」の最後につけられています。

みひつぎにすでに移されいますらむ清しき君を思ひつつをり
一声を君待ちかねしこほろぎのしげき夜頃となりにけるかも

（2）

「金田千鶴さんが、昭和九年八月一七日、三三歳で亡くなられてから、もう今年で三〇年目になります。三〇年も経った今、その手記を『ヒムロ』にのせていただけたといふ事は本当に不思議なありがたい気がいたします。

金田さんの歌に対する執念の様なものが時を越えてゐるためでせうか。

私がはじめて金田さんにおあひしましたのは、昭和七年の三月末のことでした。下伊那の大島小学校につとめてゐた私は、いよいよ諏訪の富士見小学校へ転任する事にきまりましたが、かねがね敬慕してゐた金田さんに一度お目にかかってゆきたいものと一心に思ひつめて、泰阜村へ出かけてゆきました。道ばたの藪にマンサクの花が咲いていたことを覚えてゐます。」

金田千鶴の墓（長野県下伊那郡泰阜村）

これは、立澤もりが『ヒムロ』一九六三年四月号から、翌年一月号まで、一〇回にわたって紹介した「金田千鶴手記」の最後の回に、「金田千鶴さんのこと」と題して書いた、二頁ほどの文章の書き出し部分です。立澤もりが五〇歳をこえたばかりの頃です。連載した「金田千鶴手記」の内容は、金田千鶴の死の間際に吉井もりに託された秘蔵の手記類の中から、とくに「文学ノート」を選び、毎号それを筆写して、『ヒムロ』に掲載したものです。当時は全集なども出ていない時代で、恐らく「文学ノート」の紹介は、戦後はじめてのものと思われます。「文学ノート」についても、すでに前著の今村治郎にかかわる項で、ふれてきましたので、ここでは省略します。「金田千鶴手記」を掲載した短歌雑誌『ヒムロ』は、戦後の一九四六年に甲信越版『アララギ』として創刊されたものです。（三省堂版『現代短歌大辞典』による）。

立澤もりは、歌集『竹煮草』（一九九一年九月一日刊）の「あとがき」においても、三回にわたった若き日の金田千鶴との出会いの思い出を綴り、また、『続・竹煮草』には長文の「金田千鶴さんのこと」を書き、短いけれど、「金田さん——もりの日記」が収録されており、参考になります。それらを読むと、若き日の吉井もりが、どんなに金田千鶴に敬慕の思いを寄せていたかがよくわかります。

『ヒムロ』の「金田千鶴さんのこと」（文末に、三八・九・二五と執筆年月日あり）を書いたとき、立澤もりの手許には、三〇年前に金田千鶴から遺託された「文学ノート」や日記などの貴重な遺稿類がまだ秘蔵されていました。立澤もりは一〇回にわたってこの資料から『ヒムロ』への原稿を写しとりながら、金田千鶴との出会いの日々を回想し、追慕の思いを新たにしていたものと見られます。それは、のちに立澤もりの二つの歌集に収められた、「あとがき」での回想や「金田千鶴さんのこと」にくらべて、文体がやわらかで、金田千鶴との距離が身近かに書かれていると思いました。立澤もりの守ってきた金田千鶴の遺稿は、その後池田寿一編『金田千鶴全集　全三巻』（一九七六・六〜七七・三）のための原資料として、秘蔵者の立澤もりの手を離れたのでした。こうして金田千鶴を偲ぶよすがとしてきた遺稿は『全集』として世に出たわけですが、立澤もりにとっては、それは喜ばしいことであったと同時に、身近にいた金田千鶴が遠く去ったような、複雑な心境におかれたであろうことは想像に難くありません。それが、『ヒムロ』の「金田千鶴さんのこと」と『続　竹煮草』の「金田千鶴さんのこと」との間にある文体の温度差となって表れているように感じます。

（3）

昭和12年頃（43歳）の土田耕平（『アララギ』追悼号・1941年5月より）

一九三四年八月八日、二三歳の吉井もりは、命旦夕《たんせき》に迫った金田千鶴の病床に二泊三日暮らして、急いで生家の諏訪郡泉野村（現茅野市）に帰りました。その理由は、金田千鶴が土田耕平の作品境地に共感を深め、耕平の第二歌集『斑雪《はだれ》』（一九三三年刊）についても「歌集『斑

雪』を一首」と題して

枕辺におけばなぐさむ思ひにてみうた明け暮れ諳《そら》んじぞゐる（『定本金田千鶴全集』八六頁）

といった作品を残しており、千鶴が「土田先生の様なひっそりとした生活、目立たない平凡な境地が一番いいということに今頃になって気づいた。本当に恥ずかしい。若し会う事があったら言ってな。どんなに尊敬しているかわからないって」（『続・竹煮草』「金田千鶴さんのこと」）と言っていたことを、当時境野村に病気療養していた土田耕平に伝え、一言でもいいから、死を目前にした金田千鶴を励ましてほしい、という吉井もりの、切実な願いであったに違いありません。

生家に戻ったもりは、翌日、小学校時代の校長であり、恩師である藤森省吾をたずね、それから近くに住む土田耕平を訪れたのでした。土田耕平も藤森省吾の教え子でした。その土田耕平は立澤千尋と同じように、吉井もりにとっても短歌の師と仰いできた人です。立澤千尋は、生涯ついに一度も土田耕平に会うことができませんでしたが、吉井もりは、この時はじめて土田耕平に会ったのでした。「金田千鶴さんのこと」によれば二人の話は金田千鶴をめぐってはずみ、「土田先生はこのあとすぐに金田さんに手紙を書いてくださり、それが亡くなる二時間位前に届いたという事で、（千鶴は）目の前にかざしてくれ、と言ったそうである。」と書いています。金田千鶴は死の三日前の八月一四日夜に、つぎの絶詠を残して、世を去りました。

家族みな集ひ呉るる今宵の和《なご》ましく言はむと思ひしこと言はで止みぬ

死を直前にしていささかも乱れず、冷静に、知的に歌い残していることに感動します。この境地は、土田耕平の目指した「澄み通った」歌境と通うものであり、赤彦の難解な「寂寥相」の気配も滲んでいる、と私には思えます。

立澤もりの、こうした金田千鶴への敬慕と哀惜は八五歳の生涯にわたるものでした。

生きてあらば如何に歌詠まむ戦もその後の世も君は知らざる（金田千鶴様）（『竹煮草』昭和三五）

たづさはり君と歩みし裏山の松葉しく道昨日の如し（泰阜村金田様）（前同・昭和五八）

また、立澤もりの傍らで、もりを見守り続けた夫立澤千尋の作品の中にも、もりの姿を歌っているものがあります。

思ひゐしさながらの丘松凪は過ぎにし人の嘆きつたふる（泰皐村）（『森の音』昭和五八）
千鶴遺稿守りし妻の縁《えにし》にてけふ泰皐《やすおか》の嫂君に逢ふ（前同）

そして、立澤もりの金田千鶴への思慕は何よりも六〇年にわたる作歌をまとめた歌集の題名を、『竹煮草』としたことに示されています。この題名は、金田千鶴の昭和四年作の次の歌によったと歌集「あとがき」の終わりの方で書いています。

竹煮草実となりにけりわが身には寂しさもなく夏すぎむとす

「『寂しさもなく』といふ思いの深さが本当の寂しさであり、歌であると思ひまして、私も歌の道を歩みはじめたように思ひますので、歌集名を『竹煮草』とさせていただきました。」

私はこの一節を読みながら、若き吉井もりが『赤彦全集』を「いのちの如く」読んだことを思いました。立澤もりの言う「本当の寂しさ」が歌であり、その道を歩み始めたというのは、それこそ島木赤彦の目指した、人生の究極の姿としての「寂寥相」というものではなかったか、と思ったりします。

立澤千尋は「二・四事件」によって外から加えられた支配権力による暴力に、その精神を深く傷つけられながら、そのトラウマを、歌の境地を深化させることで克服しようとしました。

立澤もりは、若き日に出会った金田千鶴の純粋でひたむきな面影を胸深く刻んで、千鶴がもりに傾けた信愛を、生涯の力として生きました。

二人の『アララギ』派歌人が、それぞれの心に衝撃として受けたものは、全く異質なものではありましたが、若き日に己れの精神に焼きつけられたものを、生涯手放さなかったという点では共通しています。それは見事な比翼連理の歌人であり、同行二人であったと思います。

〈追記〉

①土田耕平の妻土田きみ子の没後（昭和三九年八月七日）、『土田きみ子歌集　随筆十三篇』が、一三回忌の昭和五一年（一九七六年）に謙光社から刊行されました。

「あとがき」（謙光社社長鬼塚卒）に次の一節があり驚きました。鬼塚卒氏や、土田きみ子と、立澤もりの関係は不知です。

「（前略）伊豆大島の歌碑（土田耕平・引用者）のことで飛びまわっている頃、塩尻市小野在住の立澤千尋夫人もりさんより、耕平夫人きみ子さんの歌集の原稿が送られてきて、ぜひきみ子夫人のものを出版して欲しいという相談があった。耕平をつきつめていくと、きみ子夫人の存在が大きく私に焼きつけられていった矢先で、ご希望にそう旨の返事を差し上げておいた。」

②諏訪郡泉野村（現茅野市）に、土田耕平が療養していたのは、一九三二（昭和七）年から二年半、昭和九年末ぐらいまでです。小学校時代からの恩師である藤森省吾の勧めによるといいます。この時期には、長野県「二・四事件」が起こり、吉井もりの金田千鶴への三回にわたる病気見舞いがあり、金田千鶴の早逝の時期が含まれます。吉井もりは郷里を離れて教職にありましたが、年に何回か故郷に帰った時など、療養中の土田耕平はともあれ、その妻

のきみ子とは、藤森省吾の仲立ちなどで、『アララギ』会員同士でもある二人が知り合う機会があったろうと考えるのは自然です。藤森省吾は、農本主義的な教育観から、八ヶ岳山麓の寒村ともいえる泉野村に、教育的、文化的な農村を築く理想をかかげ、自ら進んで校長として赴任し、数かずの実績を積み、すでに県下にその名が高かった教育者です。

戦後、土田きみ子は、夫の郷里諏訪地方に落ち着き、お花やお茶の指導者として自活することになりますが、『アララギ』の地方版とも言うべき歌誌『ヒムロ』にエッセイを寄せ、また立澤もりも、短歌作品や、金田千鶴の思い出などを書いていました。また、『アララギ』『ヒムロ』の会員であった土田きみ子と立澤もりが、諏訪地方のどこかの歌会で知り合うという可能性は充分にあり得ることだったと思います。また、二人とも茶道の表千家師範であった、という共通項もあります。実証的に二人の関係を説明することは現在はできませんが、予測をこえて、立澤もりと土田きみ子は、親近の仲ではなかったかと思います。そうでなければ、精魂こもる自分の歌集原稿など託すはずがないからです。

土田耕平が泉野村に療養していた頃、藤森省吾は現役の校長でした。歌人でもあった彼は青年たちに作歌を勧め、文化農村づくりの大事な取り組みとしていました。『信州の教師像』（信濃毎日新聞社論・一九七〇年一〇月）の、藤森省吾の項に泉野村での取り組みの次の一節があり、土田きみ子の名が出てきます。

「また一日の激しい労働の中から短歌をつくり、森山江川、田中周三、小野三好、土田きみ子らの指導によって入選作をまとめるなどしたので青年学校生徒や農民の中からぞくぞくと『アララギ』派の二段組などが誕生した。」（一七七頁。傍線・引用者）

③土田耕平の小学校時代の恩師である藤森省吾は、吉井もりの恩師でもあります。「二・四事件」の歌人として前著でもふれた奥田美穂が、後年出版関係で親しくなった、受験界でよく知られていた、考え方研究社の藤森良蔵は、藤森省吾の実兄です。

金田千鶴も含めて、長野県「二・四「事件」は、深いところで人間関係を結びつけ、その世界をひろげていました。

（資料）父の追憶

(1) 田中なつみ——父を語る

二〇一八年八月一八日NHKEテレ特集「自由はこうして奪われた～一〇万人の記録でたどる治安維持法の軌跡」が放映されました。私は、長野県教員赤化事件にかかわったとして取り上げられた立澤千尋の次女です。父について同じく話す三浦みをは妹です。

治安維持法について知っていましたが、事件について父の直接の言葉は聞いたことはありません。残された日記や短歌を読み、父が想像以上の傷を一生抱えていたことを知りました。父の日記を読んで、父とその時代の苦しみに向き合いたい、理解したい。そして、ふたたび暗黒の時代を繰り返さないように、私も平和な世界をきづくための力になりたいと思う日々です。

一、母について

私は大学入学(一九六一年)後、自治会活動に参加。三・一ビキニデーに誘われたり、松川事件無罪判決への動きなど正義のたたかいを知って、自分の生き方に影響を受けていきました。高揚した気持ちを母に伝えた時、母はものすごい形相で「アカは怖いもの。近づいてはいけない!」と声を荒げて、厳しく諭しました。

事件から三〇年もたつのに、母のその反応こそ、二・四事件の時代の人々に、共産主義を「アカ」「赤化思想」として恐れさせるために、権力側が叩き込んだ感覚だったのです。母の言葉は心に深く刺さり、母とは全く政治的な話を避けてしまった私です。

両親は結婚前の若い頃から『アララギ』に入会して短歌をつくっていました。父が転勤する度に、どの地域でも毎月一回わが家で歌会が開かれており、短歌は身近にありました。母は父の死後七年目(一九九〇・平成二)に『森の音　補遺』として父の第二歌集を発行。歌集には最後に一三ページにわたる二・四事件について触れている父の日記を載せ、「二・四事件について」という母の文章を歌集に挟みました。「二・四事件って何？」と聞かれるので書いたと母の文章にあります。母が歌集に綴じてくれた日記によって、私は父と事件について知ることができました。

母の文章の一部です。

〈前略〉なんの自覚もなく、友だちが本を置いていったとか、勉強会をするから、と誘われた、ということだけだったらしいのですが、二月二〇日朝、突然に連れて行かれ一夜留置所に泊められて、休職となり一年後退職となってしまいました。老いた両親を悲しませ、世間から白眼視されながら、貧しい家に徒食しなければならなかったことは苦しかったと思います。「きっと帰って身の証明をせねばならぬ」と言っていた中箕輪小学校に最後の八年をつとめさせて頂くことができた事は何よりの喜びだったと思います。

母は、私には「危険なアカに近づくな」と諭しながら、二・四事件の人々を、反戦・平和の良心を持つ本物の教師として尊敬する気持ちを持っていたからこそ、事件から五〇年、父の死後七年も経って、千尋と二・四事件とのかかわりを公表したのだと思います。勇気を持って母が公表したこの時こそ、そして私がこの歌集をもらった時こそ、母と会話する絶好の機会だったのに、全く会話もできなかった私です。

二、治安維持法と長野県二・四事件

一九二五年制定の治安維持法は共産党を封じる狙いでしたが、戦争に反対し支配勢力を批判する国民を黙らせることを目的に、一九二八年にはさらに改悪して、死刑を追加、「目的遂行罪」をつくり、共産党の目的を手助けしたものと当局が判断すれば逮捕できるように変えました。

日本教育労働者組合（教労）は一九三〇（昭和五）年結成され、弾圧の対象となりました。教労長野支部は、貧困の解消、反戦平和を教えようと教育課程を自主編成。下伊那地区は「修身」（今の道徳）を担当していました。父は「教労」の学習会に数回参加しており、「教労のメンバー候補」として当局にマークされていたのです。

警察側では周到に弾圧の準備をして二月四日を迎えました。一九三三年二月四日から九月一五日までの七ヵ月間、長野県では治安維持法による弾圧の嵐が吹き荒れました。逮捕者約六〇〇人のうち教員が二三〇人と多かったため、権力側は「二・四事件」を「教員赤化事件」と名付け、このような教師を「アカ」と呼び、「長野で恐ろしい事件が起きた」と全国に報道しました。

共産主義を「アカ」「赤化思想」として恐れる感覚を、権力側が国民の心に叩き込んだ報道でした。長野の「教労」関係の教師たちは全員「目的遂行罪」として逮捕されましたが、共産党員は誰もいませんでした。

長野県下伊那郡泰阜村に金田千鶴さんという『アララギ』の歌人がいました。母はその短歌に感銘を受け、手紙を出して二一歳の時に会いに行きました。金田千鶴が三三歳で亡くなるまでの二年間に二人はたくさん手紙のやりとりをして、母は三回会いに行きました。

父が逮捕された翌日の一九三三年二月二一日の手紙には、千鶴の友人で短歌仲間の今村治郎さんたちが二・四事件で逮捕されたことに触れ、「皆実に教師として人間として立派な人たちです。生徒から慈父のごとく慕われる模範教師です。」「今はメチャクチャな時世だと思います。みんなが政治運動をしなければならないとは思いませんが、常識を養うために社会科学の方面の読書をもっとしてください。」と金田千鶴は書いています。

歌人碓田のぼるさんは、「二・四事件と歌人」について研究をされていますが、「金田千鶴を信頼し尊敬していた吉井もり（母）は、教労運動の伴走者としての金田千鶴の生き方にしっかり寄り添っていたであろうことは間違いありません」とおっしゃっています。千鶴さんをとても尊敬していたことは、母の口から私は何度も聞いています。

「アカは怖いもの！　近づいてはいけない！」との母の言葉は、変革求めてたたかう生き方に魅力を感じ始めた私を、権力から必死に守ろうとした言葉だったのでしょう。悪いことは何もしていないのに、国策に批判的なものは根こそぎ排除する権力の恐ろしさは、母の時代の人々の心に深く刻まれてしまったのです。自由にものも言えない暗黒な時代を繰り返してはならないと思います。

三、父と二・四事件

養蚕と農業の貧しい家族を支えようと、ようやくつかんだ教職の仕事。少しでもいい教師になりたいと、仲間たちとの学習会に参加しながら自分を磨いていた若い父。子どもたちが可愛くてたまらない、希望に満ちた新人教師の気持ちが伝わる父の日記があります。

「子どものことをしきりに考えている。すべきことは無限にある気がする。心がおどる。熱がのってきたのかもしれぬ。つとめようとおもふ。」（昭和四・六・二三）

「子どもをよりよく導いてやりたい。とり残された子どものためにより以上努力が必要なり。」（昭和四・七・三）

一九三三（昭和八）年二月二〇日未明、その日は突然やってきました。いきなり逮捕！訳がわからず、どれほど驚いたことだろう。教師として日々成長する子どもたちとの幸福な生活から突然切り離されて、罪人にされてしまったのです。その日は作家小林多喜二が拷問死した同じ日です。

父は逮捕から一年後に復職することができましたが、たった一晩の逮捕は、自分はとんでもない悪いことをしてしまったのだと心底思わされ、貧しい両親を悲しませ、その苦しみは一生心を離れることはありませんでした。

うなだれて歩める吾に言いかくる暗き家陰に母ぞ待ちいし（四首・昭和四年）
夕ぐるる道に雪深し咳き入りて歩めぬ母と吾も佇ちたる
眼鏡はずし見給ふとするか父上に帽子握りて吾は座りぬ

破れし襖へだてて泣きをりし妹も眠れざらむ凍みて更くるに
罪なわれし辛き思いにも耐えて来つ償わんとして在りし八年（昭和四〇年二・四事件の時の箕輪中部小学校で退職五八歳）
指示されるままに裸身さらしつつ光線暗き室に疲れつつ（昭和五八年）

「日一日と伸びていく児童を見守りながら、教師としての幸福に浸りつつ、将来の彼等の成長を祈らずにはいられなかった。その自分が突然児童から離れねばならなかった。しかも自分は赤化分子として、罪人として職から離れたのであった。過去の精進のすべてを失い、かつ前途さえも望み得られぬ人生の深淵に突き落とされたのであった。」（日記・昭和八年三月二三日）

「自分に国家を否定し、現在の教育を否定するような極悪な思想があったであろうか。」（三月二四日）

「二月二一日、一生を通じて忘れ得ぬ大衝撃を受けし日、その日雪深き故郷に帰ったのであった。自分の心は闇からさらに地下に墜落するような気がした。物言えず、只涙流して母について家に帰った。あの日のこと永久に忘れ得ぬ。」（五月四日）

長野県はこの事件を、一大不祥事として挽回すべく戦争態勢に動き出しました。事件をきっかけに信濃教育会は満蒙開拓青少年義勇軍に教え子を駆り出すことを義務付け、父は放課後子どもや親を説得に歩きました。父の説得で参加した子どもたちの命が奪われたことへの取り返しのつかない深い後悔。

満州は倖すすまずとうちつけに稲扱機をばふみしまま言ふ（昭和一八年）
満州にあこがれて果てし少年に我が教へたる三人まじれり（昭和五三年）

自分を「罪人」「躓きし吾」と責め続ける気持ちを持ちながら生きていたことを、子どもには話さなかった父。理解者の母が亡くなるまでずっと父のそばにいてくれたことはどんなにか心強かったことだろうと思います。父と母は、事件から四年後の一九三七年に結婚、父三〇歳、母二六歳でした。

四、助けてもらった優しさ、貧しさの中から生き返った私たち

五人兄弟の真ん中の私は、甘えるのが下手な子どもでした。私が小学校五年のときの母の短歌、

甘えくることもなきよと中の娘の眠れるひたいなでてやりたり

そして、同じ頃父は、ある寒い夜、「なつみ、ここに入って寝ろ」と自分の布団をめくって寝かせてくれました。両親が、甘えられない私のことを話し合っていたんだなと、母の短歌に出会ってから（一九九一年なつみ四九歳）いつも思い出す大事な思い出です。

晩年、私の夫の事業が倒産し、自宅を売却して足立区花畑町へ移転した時、小さなアパートに母と訪ねてきてくれました。その時、父は赤旗新聞を広げ「あかはた　読みやすくなったな」と言ってくれたのです。私にとって、何よりの励ましの言葉です。

なかなか家が売れず、私たちが貧困の最中にあった時、毎朝のように「生きてるか」「生きろよ」と明るい声で電話してくれた父。沢山の方々の援助を受けながら、毎日を必死で生

きてきたあの頃、父の言葉で生き延びることができました。

人間の優しさは、戦争とは無縁。戦争否定につながる人間の優しさが邪魔者であった時代。このようなもの言えぬ暗黒の時代に、勇敢にも団結し、学び合い、声を上げようとしていた人々がいたこと、そしてその中に父がいたということを、私は誇りに思います。

五、遺族として、人として、今やるべきこと

ＮＨＫＥテレで放映された後、父のことを話す機会をいただいたりして、はじめて被害者としての父の苦しみと向き合うことになりました。治安維持法について知ってはいましたが、「治安維持法被害者遺族」としての自覚はなく、あの優しかった父の心がこれほど深いキズを受けていたことに驚き、心が痛みます。

父はあまりにも当たり前に、優しく、穏やかに子どもたちを育ててくれました。

「社会運動抑圧事件」との言い方を学び、胸がすっと軽くなったことを覚えています。

Ｅテレ特集で「この絵のどこが悪いですか？」と明るくたたかう松本五郎さんのように、「良い教育をするために学びあうことが、なぜ悪いのですか！」と父が言い返せるように、

苦しみから解放してやりたい思いで一杯です。戦後の父の日記（一九四五・一二・一〇）の中に次の一節がありました。

「国民に真に言論の自由を与えておいたなら、あるいはこの悲局はある程度までまぬかれていたであろうと考える。誠に残念なことであった。」

敗戦後、悲惨な戦争を繰り返すまいと誓って生まれた憲法九条。それを壊して戦争する国にしてはならないと痛切に思います。父の苦しみを、時代の苦しみを解放するために、そして、歴史を逆戻りさせないために、戦争のない平和な世界の実現目指して、私も微力を尽くしたいと思っています。

教育に情熱持ちて学び合うそれだけで逮捕「治安維持法」
赤化事件に巻き込まれし理不尽を日記に残し父は逝きたり
子どもらに語ることなき深きキズ晩年までも父の日記に
「あかはたは読みやすくなった」と手に取りて我を励ます晩年の父
毎朝の父の電話は「生きてるか」「死ぬなよ」とぬくし遠き信濃より

（治安維持法犠牲者国家賠償要求同盟・機関誌『不屈』千葉県
二〇一九・七・一五〜一二・一五連載）

⑵ 三浦みを――千尋の遺した日記から

私は、治安維持法違反で捕えられた立沢千尋の三女三浦みをです。ＮＨＫＥテレ特集「自由はこうして奪われた――10万人の記録でたどる治安維持法の軌跡」（二〇一八年八月一八日）の放送がきっかけで、おととしの秋に私は「治安維持法犠牲者国家賠償要求同盟」（国賠同盟）の全国女性交流集会に参加して、父のことを少し話させてもらいました。それまで、私は国賠同盟があるということもまるで知らずにいたし、自分が治安維持法犠牲者の遺族であるという認識さえ全くなくていました。私はその交流集会で、国賠同盟に入会し、遺族として発言し、黄色い署名をがんばって集めるようになりました。

その署名を持って昨年の五月の国会請願にはじめて参加しました。国家賠償法の制定を求める請願の紹介議員は去年は一一三名。二〇〇名をこえると大きな力になります。そのためにはもっともっとたくさんの署名が必要です。

欧米や韓国では犠牲者の補償をおこなっているのに日本だけは全くなしです。「当時としては適法だった」と今でも言っています。謝ることもしません。又、共謀罪などといって、治安維持法とそっくりなものまでもつくろうとしています。

治安維持法犠牲者で生きて居られるのは全国でたった五人だけだそうです。そのお一人の、菱谷良一さんに国会でお会いしました。生活を見つめる素晴らしい絵を描いていただけで捕えられた方です。「罪人という、非国民という汚名をきせられたままであの世へは行けない」と、九八歳の今もお元気です。「私をアカと呼びたいなら呼びなさい」と赤い帽子をかぶったすてきな自画像を描いています。

菱谷さんの無二の親友でEテレにも出ていた松本五郎さんは脳梗塞で倒れてしまったけれど、どうしたってこのままでは死ねない、まだまだたたかうと、リハビリに励んでおいでです。

中箕輪尋常高等小学校で、張り切って子どもたちと毎日を楽しく過ごしていた父にその日は突然にやってきます。昭和八年二月二〇日未明。いきなり逮捕。これはあの小林多喜二の虐殺されたまさにその日です。

寝込みを襲われ、わけもわからずに逮捕されるとは。父がどれだけ驚いたか。どんな様子で引っぱられて行ったか。私には想像もできません。父は二六歳でした。

父はただただ真面目でやさしい人です。教師になりたての頃の日記には、家族のこと、社会のこと、学校のこと、教え子たちのことがかかれ、真剣にそのときその時の事柄にぶつかろうとしています。

真実とは何かを学びたい。先人の遺したものから今の自分を見つめ直したいと、たくさんの本をむさぼり読み、考え行動している様子が浮かんできます。

〈先生になったばかりの父の日記〉

「子どものことをしきりに考えている。すべきことは無限にある気がする。心がおどる。熱がのってきたのかも知れぬ。つとめようと思う。」（昭和四）

「子どもをよりよく導いてやりたい。とり残された子どものためにより以上努力が必要なり。」（前同）

「寒し。零下一三℃にもなりしといふ。恐るべし。授業四時間。体操など、寒くてみじめなり。放課後作文より始む。十枚くらいする。哲学会あり。（中略）子らはわが生命なり。」（昭和六）

こんな風に、子どもたちのことを考え生活を見つめる作文を書かせ、仲間たちと集まって哲学や短歌を学び、毎日を楽しく励んでいた父。

畳で仕切られていたという狭い牢獄。となりに居るらしい同じ囚われの仲間たちと顔を合わすことも口をきくことも許されず。どんな拷問を受けたことか。きたない言葉で罵られたり、着るものまでも脱がされひどいはずかしめを受けたのでしょうか。

父のつかまった二・四事件から八年後に捕えられた北海道の菱谷さんや松本五郎さん。治安維持法に目的遂行罪というのが導入されて広い範囲の人が検挙されるようになっていきます。父は一晩だけの拘束でしたが、まだ学生だった松本さんたちは一年半と、拘束も重いものになっていきます。寒い寒い旭川の牢獄で二〇日間ぐらいも誰にも会わさず口もきけず動けない状況にさせられます。精神的にもおかしくなっているところへ「おまえのかいたこの絵の中のこの本は何だ。マルクスの本だろう！」「二人で何の話をしているんだ。共産党の話だろう」と追い詰められます。毎日毎日です。早くこんな暮らしから抜け出したいと思う、そんな気持ちが出てきて、でっちあげの自白に母印をおしてしまったのだそうです。

国体に背くものは、ほこりのようにうすいものだって見逃さずに消してしまう、そんな強い権力の持つ力が、たくさんの犠牲者をつくり獄死者をたくさん出してしまいます。父はたった一晩だけの拷問、検束でしたが、罪人とされてしまいます。

獄からとき放たれたときのうた
うなだれて歩める吾に言ひかくる暗き家陰に母ぞ待ちゐし（昭和八年）
夕ぐるる道に雪深し咳入りて歩めぬ母と吾も佇ちたる
眼鏡はづし見給ふとするか父上に帽子握りて吾は座りぬ
破れし襖へだてて泣きをりし妹も眠れざらむ凍みて更くるに
五年前病み細りゐしたたみにぞ夜さりくればひとり眠るも

わずかばかりの父からの仕送りを頼みにして貧しく暮らしていた祖父母たち。罪人とされて帰ってきた父を迎えて、どれ程深い悲しみの底につき落とされたことか。あれ程大好きだった学校。子どもたちと先生という仕事を、父は一夜にして奪われてしまったのです。

〈父の日記〉
「日一日とのびてゆく子どもらを見守りながら教師としての幸福に浸りつつ将来の彼らの生長を祈らずにはいられなかった。その自分が突然児童から離れねばならなかった。児童から離れることは教職を退くことであった。何時一片だにかかることを思ふたことがあったか。しかも自分は赤化分子として罪人として職から離れたのであった。過去の精進のすべてを失いかつ前途さえも望み得られぬ人生の深いふちにつき落とされたのであった。」（昭和八年三月二三日）

「己のわずかな仕送りに細々と生計を立てていた老いし両親の前に罪の子は言いうることが何かあろうか。慰めいたわってやりたい父母にかえって慰めてもらう立場になった己は苦しい。父母を慰めるには、己の復職が決定せねばできぬことだ。ああ、恐ろしい渦中に己は巻き込まれた。老親に思いもよらぬ悲しみをさせ、しかも許すことのできない罪を作ろうとした。一日でも一時も早く復職したい。働きたい。罪を償いたい。」（昭和八年三月二八日）

「二月二一日。一生を通じて忘れ得ぬ大衝撃を受けし日。その日、雪深きふるさとに帰ったのであった。木枯が吹きしきってすでに夕ぐれに道の雪を吹きあげていた。心臆しつつ故里の道を歩いている自分は常の自分ではなかった。知人に逢ふをはばかりながら歩いていると母が迎えに来てくれたのであった。しかも病後おとろえしるき母が咳入りながら父も案じていると知らせてくれた。自分の心は暗から更に地下に墜落するような気がした。悔悟と悲傷とあらゆる感情が激発して物も言えずただ涙流して母について家に帰った。あの日のこと永久に忘れえぬ。」（昭和八年五月四日）

休職処分の間に視学によるきびしい査問を受けます。何回も反省の作文を書き、日記や感想文も書き毎月一回学校長を訪問し検問を受けます。復職を目指す教師たちは、教育当局が望む思想を持つように求められます。自分はとんでもない悪いことをしてしまった。罪人となってしまったと、父はどれ程自分を責めていることか。

自分は国の言うことにはさからわず、本当に国のためになる人間にならなければと強く思ってしまったのです。そう思うようにされていったのでしょうか。

子どもたちと会えない、張り切って勤めにも行けない。村の人たちからは「アカだ」と白い眼で見られる。そんな苦しさからだんだんに父ははい上がっていきます。

「五月ころから自分の心には百姓をみっしりできない様な精神では到底救われたところで立派な教師にはなり得ないという考えがおきてきていた。この心境は真に正しかった。終日、父母のために土に汗することができる。人間として国民として真に正しくなることこそ吾が全力をあげて希望すべきであった。惜しむらくはもっと早くかかる心になったらばと思う。生来の鈍根《どんこん》はようやく今にしてそのことを感じたのだ。」（昭和八年六月一七日）

「人間として国民として真に正しくなる」ことを決意したことを認めてもらえて父は一年経って木曽の王滝小学校に復職します。日本は戦争への道をひたひたと進んでいきます。国策だった満州に少年義勇軍を送ることが、自分の使命と思い込んで毎日山奥の村に通って子どもや親たちを説得して歩きます。国のためになることをしなくては、と真剣に思ってしまった父。こんな風になることが、転向するということだったのでしょうか。

満州は倅すすまずとうちつけに稲扱機をばふみしまま言ふ

満州行きを勧めて歩くのは決してらくなことではなかったようです。田畑の少ない山奥の成績のよい子たちを選んで勧めたようです。戦争をするための体制づくりが始まってきた時期ということもあり、国家に積極的に従う国民をつくることに治安維持法は大きな役割を果たすことになったのだと思います。

父は若い頃から『アララギ』の歌人でした。一六歳の頃から詠み始め、二一歳の時に新聞に投稿したりし、『アララギ』に入会します。歌を支えにして生きてきた父です。自然のうつろいや草花のことなどを詠むことが多かったです。でも二・四事件のことは、父の心から離れることはなかったのでしょう。亡くなるまで、時々詠んでいます。

満州にあこがれて果てし少年にわが数へたる三人まじれり

このことはずっと父の心に重くのしかかっていたでしょう。自分が勧めなかったらそういうことはなかったはずで、この歌は父が亡くなる五年前（昭和五三年）のものです。

終戦を迎えて父の心ははげしくゆさぶられます。戦争末期の日記には戦局を伝える新聞の切り抜きが毎日のように貼られ、戦争は負けてしまうのだと心配することばが書きつらねられています。

八月一五日には天皇の詔《みことのり》を一言一句もらさずに丁寧に書き写しています。そして、これからみんなで力を合わせてこの国難を克服しなければと書いています。終戦を迎えてもなお国体への忠誠心を保っていた父。

〈終戦から四カ月――〉

「このごろ大東亜戦争の経過について連合国より提供せられた報道が新聞に出る。国民は戦争の経過と正反対の報道に目かくしをされていたのである。又、この戦は戦うべからざる戦を戦ったのだと思わざるを得ない。国民に真に言論の自由を与えておいたなら、あるいはこの非局はある程度までまぬがれていたであろうと考える。まことに残念なことであった。大本営の発表と戦争理念をあくまで正当に支持してきた国民は現在この昏迷に立ちむかって果してどうしてよいかわからないのである。悲しむべき現実。」（昭和二〇年一二月一〇日）

父は口数が少なくてやさしい人でした。ちょっぴり気むずかしそうな顔をしていつも机に向かって本を読んだり書きものをしたりしていました。ちょっとお酒が入るとごきげんになっていい声で歌ってくれたりもしました。校長先生になってから、学校で運動会や音楽会やらがあった日はたくさんの先生たちが自宅におしかけてきました。畑のねぎを抜いてきて、それにお味噌をつけたのをつまみにして、みんなで楽しそうに歌っていました。仲間のアコーディオンに合わせて歌う先生方を父のひざの中に座り込んで私はいいなぁとみていたものです。

穏やかな父が、胸の奥にそんなに苦しい、自分を罪人だと責め続けるような気持ちを持ちながら暮らしていたとは、私は大人になるまで知らずにいました。私たち兄弟五人は貧しくとも心優しく温かく豊かに育ててもらいました。

私が教師になりたいと思ったのは、いつも子どもたちを大事にする父のうしろ姿を見てきたからです。私がはじめて教師になったとき、父は「貧しい子をよくみてやれよ。」「勉強がよくわからない子をみてやれよ。」「体のよわい子をよくみてやれよ。」そうすれば大丈夫、と私を励ましてくれました。

捕われたことの苦しさ、そのあとの苦しさを子どもたちに語らないまま父は逝ってしまいました。一緒にその苦しみをわかち合いたかった！

その治安維持法の弾圧が、日本の津々浦々にまで、植民地だった朝鮮にまでなされた本当にひどいものであったこと、父は何も悪いことをしたのではないこと、うしろめたく思わないでほしいこと、そんなことを語り合いたかった！

今遺された子どもたちが、こうして父の日記をひもとき学習会に参加し、父の苦しみや時代の苦しみを理解しようとしていることで、解き放たれてくれるでしょうか。

私は、今「心ざしつつたおれし少女《おとめ》伊藤千代子の生涯」の映画づくりの力になりたいと、国賠同盟の署名を集めながら千代子の話をひろめる努力をしています。諏訪の湖南の出身だった千代子。私の母の若い頃によく似た、きりっとした千代子にすっかり夢中。治安維持法違反で、投獄され二四歳の若さで獄死した千代子。父は千代子より二つ年下。母は千代子と同じ諏訪高女に学んだ六歳後輩になります。同じ時代を生きて同じ治安維持法に苦しめられた千代子と父母。仲間です。

父も母も若いときから『アララギ』の歌人。そして千代子の恩師土屋文明は、私の父や母にとっても大事な大事な短歌の、そして人生の先生です。その大事な先生、土屋文明が、千代子のことをあの激動の時代（昭和一〇年）に、実名を出して詠まれた六首の歌があります。

まをとめのただ素直にて行きにしを囚へられ獄に死にき五年がほどに

こころざしつつたふれし少女よ新しき光の中におきておもはむ

高き世をただめざす少女等ここに見れば伊藤千代子のことぞかなしき

私が大学生になったばかりの頃、私は日本共産党にめぐりあいました。アカハタ新聞にもめぐりあいました。こんな素敵な新聞を大好きな父と母にも読んでほしいと私はふるさとに送ったのです。母から速達が届きました。

「この新聞に正しいことが書いてあるのはよくわかっているよ。お母ちゃんだって枕の下にアカハタをしのばせておいてそっと読んだことだってあるよ。でもお父ちゃんはアカということで、どれだけひどい目にあったか。だから今、娘のお前からこの新聞を勧められるのはとても切ないんだよ。」というようなことが書いてあったように思います。私は父がそんなひどい目にあったことをちょっとしか知らずにいましたから、アカと言われることをおそれて、正しいと知ってはいるけど近寄らないようにしているのかなと私には思えました。それから娘にもあぶない思いをさせたくないとの親心だったのでしょうか。

土屋文明の千代子を思って歌った歌の千代子のこころざしたものとはどんなことだったのでしょう。戦争は絶対にいけない。平和でなくてはいけない。主権在民の社会をつくろう。主権は民衆のものだ。働いても働いても貧しさから脱けられない人々の権利を守ろう。これらはまさに現代の私たちの願いとぴったり一致します。千代子らが命をかけて守ろうとしたもの。それを今私も守りたい。

千代子が、そして父や母が今、私の背中をおしてくれている気がしています。歴史を学ぶことはとても大切なことだよ。自由にものの言えない時代になったら大変だよ。正しいと思ったら正しいと言うんだよ。戦争だけはいけないよ、と。

私の力はとても弱くて小さい。でもたくさんの仲間たちと力を合わせてがんばって生きていきます。

お父さん、お母さん、あなたたちの娘に生まれて本当に良かったです。

お父さんは私らの誇りです。

拷問で、心の底まで塗り替えるなんてできない。

◇　◇　◇　◇

計り知れぬ父の嘆きを綴られし日記に知りぬ七十年経て
罪人と己を深く責むるまで父おとしめし治安維持法
胸深き父母の苦しみ知らぬまま温かき家庭に吾ら育ちき
非国民となじられ捕らえられし父に背中を押され今を生き居り
雪かぶりて鎮まる伊藤千代子の墓高速バスの窓に拝みぬ

（「二・四事件」に学ぶ上伊那集会『記録集』二〇二〇年六月より）

新教・教労の運動を思い出を語る／前列左から大矢恒子・山口近治・増淵穣・黒滝チカラ・浦辺史／後列左から小田真一・藤田伸彦・井野川潔・柿沼肇・森谷清・大矢輝昭（1969年5月）（山口近治『治安維持法下の教育労働』より）

おわりに

前著『一九三〇年代の「教労運動」とその歌人たち―長野県「二・四事件」のひびき―』の続編として、傍題を「治安維持法犠牲者とその遺族」とした本書を、どうにかまとめることができ、いささか肩の荷が下りたような気がしています。

短歌や詩、文学を愛した、一九三〇年代の「教労運動」に身を投じた青年教師たちへの関心は、長い間、私の持ち続けていたものでした。本書第一部に収めた文章の原型とも言うべきものは、一九八〇年代の労働戦線の右傾化に反対し、真の階級的民主的なナショナルセンターの確立を目指すたたかいの中で、発行された宣伝・啓蒙の機関誌『ほんりゅう』(一九八三年九月創刊)に、創刊号から一九八五年頃までに「詩歌に綴る教育運動の先達」と題して連載されたものの中に含まれています。一回四首字詰め原稿用紙で二枚半ぐらいのごく短いメモのようなものでした。

前著もそうでしたが、本書所収の各文章は私が関係する町田市の短歌会の機関誌『ひだまり』に、二〇一九年から二〇二一年八月まで掲載されたもので、初出誌とも言うべきものです。正誤を正し加筆しました。一九八〇年代に、私が『ほんりゅう』に書いたメモ書きのような文章は、三〇年後に本書の文章を書くさい、たえず傍らにあって、「さてお前はどう書くか」と問われ続けていたような気がしています。

前著同様、岡野正さんの渾身の労作『一九三〇年代教員運動関係者名簿』(改訂版)の恩恵を受けました。岡野さんが以前私信の中で、「教労」「新教」の活動家には、短歌をつくっている人が多いと言われたことが、いつも思い出されて、支えのようになっていました。深く感謝する次第です。

前著もそうでしたが、町田歌会の『ひだまり』掲載にあたっては岡島幸恵さんに多大のご苦労をおかけしました。また、『ひだまり』を支えている町田歌会の皆さんにも、あわせて感謝する次第です。『ひだまり』がなくては書き続けられなかったと思います。

また、本書第二部の立沢もりを書く折、『アララギ』系の古い雑誌『ヒムロ』から、立沢もり執筆の文章を探し出していただくなど、特別なご協力をいただいた、飯田市中央図書館に心からお礼を申し上げます。

第二部に、田中なつみ、三浦みをのご姉妹から、治安維持法犠牲者の遺族として、貴重な証言を資料として寄せていただいたことを有難く思っています。

本の泉社の皆さん、社長の新船海三郎さんには、社の移転のご多忙の中、大変お世話になりました。有難うございました。

二〇二一年八月一五日

我孫子にて

碓田のぼる

〈主要参考文献〉

㈠前著関係

『一九三〇年代教員運動関係者名簿』改訂版（一九六九年）岡野正
『村山俊太郎著作集』全三巻（百合出版・一九六七年―一九六八年）
『抵抗の歴史――戦時下長野県における教育労働者の闘い』二・四事件刊行委員会（労働旬報社）
『金田千鶴全集』池田新一・佐々木茂編（飯田下伊那歌人連盟・一九九七年）
『修身科・無産者児童教程』―長野県教労〈二・四事件〉下伊那地区に関する資料―今村治郎（一九七三年）
『絵の記録』奥田美穂（新光閣書店・一九六二年）
『現代教育学事典』（労働旬報社・一九八八年）

㈡本書関係

『上田庄三郎著作集』全六巻（国土社・一九七七年―一九七九年）
『魂をゆさぶる教育―青年教師・上田庄三郎―』西村政英（風媒社・一九七三年）
『治安維持法下の教育労働運動』山口近治（新樹出版・一九七七年）
『日本教育労働運動小史』増渕穣（新樹出版・一九七二年）

『治安維持法小史』奥平康弘（岩波現代文庫・二〇〇六年）
『炎群』（初版）岩間正男歌集（週刊教育新聞社・一九四七年）
『資本主義下の小学校』（復刻版）本庄陸男（白石書房・一九八〇年）
『白い壁・橋梁』本庄陸男（新日本文庫・一九八二年）
『生活綴方の伝統――小砂丘忠義一五周忌記念論稿集』日本作文の会（百合出版・一九五三年）
歌集『森の音』立沢千尋（椎の木書房・一九八四年）
『森の音　補遺』立沢もり編（伊那毎日新聞出版事業部・一九九〇年）
歌集『竹煮草』立沢もり（石川書房・一九九一年）
『続　竹煮草』三浦みを編（石川書房・一九九七年）
『現代教育学事典』（労働旬報社・一九八八年）

碓田 のぼる（うすだ・のぼる）

一九二八年生まれ。歌人、教育運動家。高校教諭を経て、全国私教連委員長、全教副議長などを歴任。渡辺順三に師事。新日本歌人協会全国幹事、日本民主主義文学会会員、国際啄木学会会員。歌集『花どき』で多喜二・百合子賞受賞。著書に『火を継ぐもの：回想の歌人たち』『団結すれば勝つ、と啄木はいう：石川啄木の生涯と思想』、『歴史：碓田のぼる歌集』、『一途の道：渡辺順三歌と人生』（戦前・戦後編）、『啄木断章』、『一九三〇年代「教労運動」とその歌人たち―長野県「二・四事件」のひびき―』など。

続・一九三〇年代「教労運動」とその歌人たち
―治安維持法犠牲者とその遺族―

2021年10月８日　初版第１刷発行
著　者　　碓田 のぼる
発行者　　新船 海三郎
発行所　　株式会社 本の泉社
〒113-0033 東京都文京区水道2-10-9　板倉ビル２Ｆ
TEL.03-5810-1581　FAX.03-5810-1582
印刷・製本　中央精版印刷 株式会社
ＤＴＰ　　木椋 隆夫

ISBN978-4-7807-1827-0　C0095　1600円（税込）